Breve historia
de los gladiadores

BREVE HISTORIA
DE LOS GLADIADORES

Daniel P. Mannix

nowtilus

Colección: Breve Historia
www.brevehistoria.com

Título original: The way of the Gladiator
Autor: © Daniel P. Mannix
Traducción: Manuel de la Pascua para Grupo ROS

Edicion original en lengua inglesa: © 2001 ibooks, Inc., New York
Edicion española: © © 2025 Ediciones Nowtilus, S. L.
C/ María Curie, 32 - Planta 4, Pta. 4 - 28703 San Sebastián de los Reyes - Madrid
www.nowtilus.com

Elaboración de textos: Gabriel García Moreno
Diseño y realización de cubiertas: Sofía Cabrera
Imagen de portada: Shutterstock Generate, ID: 2627455829

ISBN edición impresa: 9788413054919
Primera edición: octubre 2004
Segunda edición: abril 2007
Tercera edición: octubre 2009
Cuarta edición: agosto 2011
Quinta edición: febrero 2013
Sexta edición: enero 2014
Presente edición: septiembre 2025

Printed in Spain
Depósito legal: M-13622-2025

Índice

Prologo

«Soportaré ser quemado, herido, golpeado
y asesinado por la espada.»

Estas palabras encabezaban el juramento de cualquier gladiador romano, en ellas se encerraba toda una filosofía vital que orientaría las acciones de unos hombres dedicados en cuerpo y alma a la supervivencia.

Gladiador, del latín *Gladiator*, etimológicamente significa el que lucha con la espada. Los orígenes de las luchas entre gladiadores se sitúan en el período etrusco. En ese tiempo recogemos los primeros testimonios que nos hablan de combates realizados para honrar a ilustres ciudadanos o guerreros fallecidos. Esas prácticas fueron asimiladas por los romanos primigenios y tardaron poco en ser incorporadas a las costumbres de aquella civilización. Lo que en principio fue un puro asesinato de esclavos y enemigos prisioneros, se convirtió, paulatinamente, en luchas profesionalizadas.

En la época republicana de Roma los notables pagaban abundantes sumas para contratar los servicios de estos hombres. En el año 264 a.C. queda reflejado un combate entre tres parejas de gladiadores para conmemorar el funeral de Juno Bruto. En Hispania el primer combate de gladiadores fue organizado en el 206 a.C. por Cornelio Escipión, el Africano, con el propósito de honrar la memoria de su padre y tío desaparecidos hacía pocas fechas. Otro claro impulsor fue Julio César, cuando no reparó en gastos a la hora de convocar grandes fastos que le sublimaran como líder de los romanos.

Durante todo el siglo I a.C. la popularidad de los potentes gladiadores se incrementó notablemente; miles de ellos morían en las arenas de los circos. La crueldad llegó a tal extremo que el propio Octavio Augusto se vio obligado a dictar normas reguladoras de aquellos sanguinarios eventos. Protocolos muy difíciles de acatar para un fervoroso público ávido de originalidad y sensaciones distintas al aburrimiento.

El imperio potenció y ensalzó la figura del gladiador, convirtiéndole en un «semidios» al que se le otorgaban presuntos poderes mágicos; incluso se llegó a pensar que su sangre curaba determinadas enfermedades como la epilepsia.

Los gladiadores eran habitualmente esclavos, reos de guerra o condenados por delitos graves. Bien es cierto que, en numerosas ocasiones, algunos ciudadanos libres o legionarios de mermado patrimonio se incorporaban a las escuelas de adiestramiento con el fin de intentar mejorar una precaria situación.

Algunos emperadores se involucraron tanto en el espectáculo que, finalmente, también se convirtieron en auténticos luchadores; fue el caso de Cómodo, hijo y mal sucesor del insigne Marco Aurelio, quien participó en 735 combates proclamándose a sí mismo «vencedor de mil gladiadores». Cómodo fue un criminal, vicioso y perturbado. Era frecuente verle ceñir los atributos del dios Hércules del que se creía una reencarnación para visitar el circo y allí masacrar a decenas de infelices disfrazados de animales.

Pero, ¿qué premios esperaba el gladiador por su esfuerzo? Varios y en este orden: seguir vivo, mejorar su situación económica y, por fin, la tan ansiada liberación que llegaba cuando un gran luchador acreditaba poseer cuantiosas victorias ganando de ese modo respeto y admiración de un pueblo entusiasta con sus héroes. Al liberado se le entregaba la *rudi* o espada de madera, signo supremo de la libertad para un gladiador. Un caso especial fue el del pompeyano Publius Ostorius, hombre libre que venció en 51 combates consiguiendo miles de sestercios y el amor de innumerables damas patricias; obviamente fue un hecho excepcional.

Los festejos en Roma eran constantes. Fue durante el siglo I d.C. cuando el emperador Vespasiano mandó construir el anfiteatro Flavio, conocido popularmente como «el Coliseo». En ese magno recinto ovalado y con capacidad para casi 50.000 personas se dieron cita las celebraciones más importantes del Imperio romano. En los 30.000 m^2 que ocupaba se encontraban los subterráneos donde se ejercitaban los gladiadores, además de espacios habilitados para albergar centenares de bestias que, posteriormente, subirían en plataformas a la arena circense. Muchos emperadores utilizaron los juegos para complacer y tomar el pulso de la sociedad romana.

Los gladiadores desfilaban ante la multitud con sus vistosas indumentarias, tras esto se situaban frente al emperador y levantando sus brazos armados emitían el famoso saludo: «¡Ave César, los que van a morir te saludan!». Acto seguido realizaban un pequeño entrenamiento y, sin más, se entregaban a una lucha violenta y feroz por parejas jaleados por un populacho que, previamente, había cruzado sus apuestas. El delirio lo cubría todo y los gobernantes romanos sonreían satisfechos.

Existieron muchos tipos de gladiadores diferenciados gracias a las armas y defensas que utilizaban: los *secutores* iban armados con espada y escudo, lo que les proporcionaba extremada agilidad, convirtiéndoles en temibles para el combate; los *tracios* utilizaban rodela y puñal corto; los *retarii* manejaban redes emplomadas y afilados tridentes; los *mirmillones* usaban espada larga y grandes escudos; los *essedarii* combatían a caballo o en carros de guerra.

También existían gladiadores especializados en la lucha contra animales y, así, una larga lista donde aparecen todo tipo de armas, corazas, cascos y utensilios que hacían de aquellos hombres auténticas máquinas preparadas para matar.

Cada victoria de Roma era celebrada con enormes matanzas en sus anfiteatros. Una de las más destacadas fue la organizada por el emperador Trajano después de su victoria en la Dacia reuniendo a más de diez mil gladiadores que lucharon y murieron a lo largo de varias semanas para mayor gloria del Imperio.

Cuando los espectáculos de gladiadores eran organizados por las instituciones romanas se convertían en gratuitos. No obstante, surgieron empresarios privados que montaron, con la autorización pertinente, combates por su cuenta. En ese caso se cobraba una entrada que las élites pagaban gustosas dispuestas a contemplar a los mejores luchadores del momento. Por todas las provincias se esparció la costumbre de ver morir a hombres de forma violenta en la arena, sólo la refinada Grecia quedó al margen de éstas prácticas, por entender que aquello no era más que un capítulo injusto y vergonzante para la condición humana.

Con los años, los combates de gladiadores alcanzaron la perfección, miles de guerreros luchaban en la recreación de enormes batallas, terrestres y navales. Los presupuestos eran altísimos, se dice que el emperador Tiberio llegó a pagar 100.000 sestercios por una terna de gladiadores invencibles. Siempre que se preparaba una celebración de este tipo se anunciaba días antes por toda la ciudad. La noche previa a los combates era muy sugestiva para los gladiadores, ya que se les concedía el placer de una suculenta cena y el amor de mujeres bellas especialmente escogidas para la ocasión. Mientras tanto, las gentes hacían noche en torno a los anfiteatros con la ilusión de ocupar los mejores asientos en la esperanza de contemplar la vida o la muerte de sus idolatrados gladiadores.

En el siglo IV el emperador Constantino denostó este tipo de lucha, aunque sin llegar a prohibirla. La llegada del cristianismo provocó enormes críticas que enflaquecieron el ánimo de los romanos hacia lo que había sido uno de sus espectáculos más valorados durante siglos. Fue Honorio quien en el año 404 decidió acabar con las luchas mortales entre gladiadores.

Aquel episodio brutal quedó cerrado definitivamente, pero su memoria perduró durante generaciones hasta hoy.

En esta fascinante obra del gran divulgador, usted, querido lector, sentirá cómo su imaginación le trasladará a los escenarios que acogieron este sorprendente capítulo de uno de los imperios más violentos en la historia humana.

Conocerá episodios peculiares, circunstancias clarificadoras y, sobre todo, lo más importante, a sus protagonistas, esos que tiñeron de vida y muerte las arenas del circo romano.

Juan Antonio Cebrián

Juan Antonio Cebrián
✟   20-10-2007
— *in memoriam* —

Introducción

*«...Un lugar sin justicia ni clemencia, donde
sólo los más hábiles o los más
despiadados podían sobrevivir».*

Leí por primera vez la alucinante historia sobre
los juegos en Roma de Daniel Mannix cuando tenía 14
años. Creo que leí el libro de una sentada o, más exactamente, acurrucado debajo de las sábanas con una
linterna, de manera que nadie pudiera ver mis ojos
saliéndoseme de las órbitas, asombrados ante la orgía
de sangre en el Coliseo. Aunque esta sangrienta historia esté basada en las evidencias y los relatos de la
época, Mannix (¡hasta su nombre suena como el de un
gladiador de la Galia!) tiene una increíble habilidad,
como un buen novelista, para que las escenas cobren
vida y consigan transportarnos hasta allí.

Releyendo esta historia ahora, me doy cuenta de
que me deja con la boca abierta de asombro. Los
números te dejan pasmado, todos esos animales y seres
humanos masacrados, los indescriptibles actos de
crueldad, están más allá de lo explicable.

En Pompeya se alardeaba de la muerte de 10.000 hombres durante el curso de ocho espectáculos, y en uno de ellos se arrojaron 20 elefantes, 600 leones y más de 400 leopardos contra gétulos armados con dardos. Después de la victoria de Trajano sobre los dacios, 11.000 animales fueron masacrados por bestiarios, gladiadores especializados en luchar contra animales. A los toros y a los burros se les entrenaba para violar a las mujeres. Los estadios se inundaban para que flotas de navíos pudieran luchar hasta la muerte y se echaban cocodrilos e hipopótamos al agua para que atacaran a cualquiera que cayera en ella. De hecho, se inventó cualquier forma imaginable de torturar o de matar hombres, mujeres o niños, para divertir, impresionar y aplacar al populacho romano.

El coste, por supuesto, era asombroso. Un político se quejaba de que: «Me ha costado tres herencias callar la boca a la gente». (Pero, como sabemos todos, ¡a nuestros políticos todavía les cuesta bastante dinero hacer que les traguemos!).

Los gladiadores no eran unos pobres infelices condenados a una muerte segura. Tenían sus habilidades especiales y estaban orgullosos de ellas: los *retiarios* luchaban con una red y un tridente, los *secutores* con un escudo y una espada; los *dimachaerus* luchaban con una espada corta; había *arqueros* partos, asirios y sus hondas mortíferas, germanos especialistas en jabalina, sijs del subcontinente indio con sus aros arrojadizos, afilados como cuchillas; irlandeses pelirrojos armados solamente con sus shillelahs, capaces de partir los cráneos, y hoplitas griegos con una perfecta disciplina.

Estos gladiadores podían ganar dinero y mucho si eran especialmente hábiles y tenían suerte. Además, podían también tener mujeres, muchas, y algunas de alta cuna. Y podían ganar su libertad. De hecho, el escritor romano Epícteto dice que los gladiadores solían pedir más luchas, de manera que pudieran distinguirse y ganar más dinero.

Uno de los grandes placeres de este pequeño clásico es la manera en que Mannix consigue hacer que los gladiadores reales cobren vida. Basando sus mini biografías en hechos históricos reales, ha conseguido insuflar vida y muerte en personajes que únicamente conocíamos por inscripciones en sus tumbas o por historiadores que fueron sus contemporáneos.

El mundo de los juegos romanos que aparece retratado vívidamente en este libro parece, a primera vista, increíble por su ferocidad. «Esto no podría pasar ahora», nos decimos. Pero el populacho romano que soltaba risotadas ante la vista de los seres humanos, incluidas mujeres y niños indefensos, además de gladiadores, siendo desgarrados por animales salvajes, o quemados vivos, o crucificados o descuartizados, pues bien, este pueblo no puede descartarse como «antiguo». Sólo necesitamos asomarnos a las cámaras de gas, los campos de la muerte de Camboya, las fosas comunes de Ruanda y de Kosovo, para darnos cuenta de que el populacho está siempre con nosotros, siempre pidiendo más sangre.

Michael Stephenson
ex-Director Editorial del Club del Libro Militar

17

Nota del autor

Se han utilizado tantas fuentes durante la preparación de este libro que sería imposible nombrarlas todas. En muchos casos, sólo se tomó una referencia de algún libro. Sin embargo, algunas de las obras fundamentales sobre los juegos romanos aparecen en la bibliografía. Algunas de las secuencias, especialmente las de las descripciones de los espectáculos en los tiempos de Carpophorus, son un compendio de muchas fuentes. Para las descripciones de cómo Carpophorus entrenaba a los animales que tenían relaciones sexuales con mujeres, he utilizado a Apuleyo y también la técnica empleada por un caballero mejicano al que conocí en Tijuana y que hacía películas porno de 16 milímetros sobre el tema.

La descripción de la batalla de los *venatores* con leones y tigres es una combinación de varias fuentes originales, como el relato de J.A. Hunter de cómo los guerreros Masai cazan con lanza a los leones o los comentarios de Mel Koontz y Marbel Stark, ambos domadores profesionales de leones. La lucha con cocodrilos está descrita por Estrabón, pero he añadido material a partir de lo que me contó un indio seminola que luchaba con caimanes en Florida. Los combates entre gladiadores están todos tomados de relatos contemporáneos o del *graffiti* (dibujos en las paredes) de Pompeya. Las luchas con toros están tomadas de los *graffiti* de las luchas, de relatos contemporáneos, de los frescos de Cnossos, de incidentes de los que he sido testigo en corridas de toros y de las sugerencias que me ha hecho Pete Patterson, un payaso de rodeo.

La batalla entre los *essedarios* y los hoplitas griegos es una combinación de las descripciones de Tácito de los carros de guerra británicos, la descripción de Hogarth de la falange hoplita en *Philip and Alexander of Macedon*, extractos de *Roping* de Mason, y de la manera en la que evolucionaban los escuadrones británicos a principios del siglo diecinueve. Las luchas de elefantes provienen de fuentes contemporáneas y del capitán Fitz-Bernard, que vio elefantes de guerra en la India.

La descripción de la taberna de Chilo está tomada de *Pompeii* de Amedeo Maiuri y de mis propias notas sobre una tienda de vinos de la misma ciudad. La conversación entre los hombres es casi toda del *Satiricón* de Petronio. Aunque mi relato sobre la muerte de Carpophorus es completamente ficticio, se vieron también osos polares en la arena, posiblemente durante el reinado de Nerón. Los romanos creían que el cuerno del narval era el del unicornio. El narval, que es un mamífero como la ballena o el delfín, puede producir marfil.

I

Nerón fue proclamado emperador y, durante dos semanas, el populacho protagonizó disturbios por las calles de Roma. La economía del imperio más grande que el mundo había visto se estaba desmoronando como un castillo de arena. El coste de mantener un enorme ejército, equipado con las últimas catapultas, ballestas y las galeras más rápidas estaba sangrando las reservas de la nación y, además, había que pagar altos subsidios a las naciones dependientes de Roma. El gobierno empobrecido no tenía ni los fondos ni el poder para detener los disturbios callejeros.

En medio de esta crisis, el Almirante de la Flota se apresuraba en su cuadriga para consultar con el primer tribuno.

«La flota mercante está en Egipto, esperando la carga», anunció. «Los barcos pueden cargarse con trigo, para alimentar a la gente hambrienta, o con arena especial de la que su utiliza para las carreras de cuadrigas. ¿Qué debemos hacer?».

«¿Estás loco?», exclamó el tribuno. «La situación está fuera de control. El emperador es un lunático, el ejército

Nerón Claudio César
Augusto Germánico.

está a punto de amotinarse y la gente se muere de hambre. ¡Por todos los dioses, que traigan la arena! ¡Tenemos que borrar de sus mentes todos los problemas!».

Pronto los heraldos anunciaron que las mejores carreras de cuadrigas que pudieran recordarse se iban a celebrar en el Circo Máximo. Trescientos pares de gladiadores lucharían hasta la muerte y mil doscientos criminales condenados serían devorados por los leones. También habría luchas entre elefantes y rinocerontes, búfalos y tigres y leopardos contra jabalíes. Y, como número especial, veinte bellas jóvenes serían violadas por asnos. La entrada para los sitios posteriores era gratuita. Las primeras treinta y seis filas de asientos tendrían un precio reducido.

Todo lo demás se olvidaría pronto. El gigantesco estadio, para más de 385.000 espectadores, estaba totalmente abarrotado. Durante dos semanas se celebraron los juegos, mientras la multitud vitoreaba, hacía apuestas y se emborrachaba. Una vez más, el gobierno había conseguido un respiro para intentar solucionar sus dificultades.

Los juegos, como cortésmente se denominaba a estos espectáculos incalificables, eran una institución nacional. De ellos dependían para vivir millones de personas: los cazadores de fieras, los entrenadores de gladiadores, los criadores de caballos, los consignadores, los contratistas, los armeros, los encargados del estadio, los promotores y los hombres de negocios de todo tipo. El haber abolido los juegos habría dejado a tanta gente sin trabajo que la economía nacional se habría venido abajo. Además, los juegos eran la droga que mantenía al populacho romano anestesiado, de manera que el gobierno pudiera operar a sus anchas.

Un actor llamado Pilades le dijo desdeñosamente a César Augusto: «Tu puesto depende de cómo mantengamos al populacho entretenido». Juvenal escribió amargamente: «Al pueblo que ha conquistado el mundo ahora sólo le interesan dos cosas: el pan y el circo».

En cierto sentido, la gente estaba atrapada. Roma se había sobreextendido. Se había convertido, casi tanto por accidente como por estrategia, en la nación dominante del mundo. El coste de mantener la «Pax romana» sobre la mayor parte del mundo conocido era un empeño demasiado costoso, incluso para los enormes recursos del poderoso imperio. Pero Roma no se atrevía a abandonar a sus aliados o a retirar a sus legiones, que retenían a las tribus bárbaras, de una frontera que se extendía desde el Rin en Germania hasta el Golfo Pérsico. Cada vez que se abandonaba un puesto fronterizo, las hordas salvajes penetraban en el territorio, saqueaban la zona y se acercaban a los centros neurálgicos del comercio romano.

De manera que el gobierno romano estaba constantemente amenazado por la bancarrota y no había ningún estadista que pudiera encontrar una solución a las dificultades. El coste de su gigantesco programa militar era sólo uno de los quebraderos de cabeza de Roma. Para impulsar la industria en sus distintas naciones satélites, Roma intentó una política comercial sin restricciones, pero los trabajadores romanos eran incapaces de competir con la mano de obra más barata extranjera, y pidieron aranceles más altos. Cuando estos se impusieron, las naciones satélites no pudieron vender sus productos en la única nación que tenía dinero. Para romper este círculo vicioso, el gobierno se vio finalmente obligado a subsidiar a la clase trabajadora romana para maquillar la diferencia entre su «salario real» (el valor real de los que producían) y los salarios necesarios para seguir manteniendo su nivel de vida relativamente alto. Como resultado, miles de trabajadores vivían del subsidio y no hacían nada más, sacrificando su nivel de vida por una vida más fácil.

La clase rica de Roma, que vivía en palacios y comía en banquetes donde se servían tales exquisiteces como lenguas de tordos en miel silvestre y ubres de cerda rellenas de ratoncitos fritos, debían sus riquezas a las grandes fábricas donde trabajadores esclavos producían enormes masas de productos mediante lo que hoy en día se conoce como método de *cadena de montaje*. Los granjeros desposeídos y los trabajadores sin empleo tenían un sólo grito: «¡Que paguen los ricos!». El gobierno respondía elevando los impuestos año tras año sobre los plutócratas, pero había un punto más allá del cual no se atrevían a pasar. Después de todo, eran los impuestos que pagaban estos ricos los que conseguían que el sistema continuara funcionando y el gobierno no se atrevía a arruinarlos. Se hicieron intentos de abolir el trabajo de los esclavos en las fábricas, pero los hombres libres pedían menos horas de trabajo y salarios más altos, de manera que, desde el punto de vista económico, sólo podía emplearse a los esclavos. Además, los propietarios de las grandes fábricas tenían mucho poder político y luchaban contra cada esfuerzo por derribar sus propiedades sobornando a senadores, contratando a miembros de grupos de presión y asegurándose el apoyo de los líderes de los trabajadores sin escrúpulos. Un romano propietario de una fábrica encontraba mucho más rentable gastar miles de sestercios en este tipo de prácticas que perder sus esclavos. Y los hombres libres romanos preferían el subsidio de desempleo y los juegos frente a la necesidad de trabajar para vivir.

Para el populacho romano, sumergido en un enredo económico que no podía entender y que era incapaz de romper, el circo era la única panacea para sus problemas. Los grandes anfiteatros se convirtieron en los templos, hogares, lugares de reunión y en el ideal del hombre corriente. Como los juegos eran ostensibles ceremonias pías en honor de los dioses, se gratificaba su sentido religioso. Cada hombre era capaz, durante unas cuantas horas, de habitar un edificio mucho más espléndido que el Palacio Dorado de Nerón, en lugar de su atestada casa de vecinos. Aquí podía reunirse con otros hombres libres, tener un sentimiento de unidad ya que se sentaba con su facción para animar a un equipo dado en las carreras de cuadrigas e imponer sus deseos al emperador, ya que los romanos se decían a sí mismos: «Sólo en el circo el pueblo manda». Los romanos reverenciaban el valor y a cada romano le gustaba considerarse un luchador duro y fuerte. En Roma, los muchachos se identificaban con los gladiadores de fama, al igual que hoy en día un entusiasta del boxeo puede identificarse con un boxeador de éxito.

También había otras atracciones. Las apuestas eran tan altas que se podían ganar o perder fortunas en el circo en unos pocos minutos, y sólo mediante las apuestas podía un hombre corriente conseguir fortuna. Además, no importaba lo mal de dinero que pudiera estar un romano, tenía la satisfacción de saber que estaba por encima de los miserables que estaban en la arena. Aunque pocos romanos se interesaban por el ejército, mal pagado y con una férrea disciplina, aún se consideraban como verdaderos luchadores y gritaban insultos y consejos a los gladiadores que luchaban en la arena. Nada gustaba más al populacho romano que el que algún dignatario de alguna nación satélite enfermara durante los juegos y tuviera que abandonar el anfiteatro. Los hombres libres dirían con satisfacción, «¡Estos griegos afeminados no pueden soportar la vista de la sangre como nosotros los romanos!» y esperaban el próximo espectáculo con renovado placer.

Los juegos, que venían a costar un tercio de los ingresos totales del imperio y que necesitaban miles de animales y de hombres cada mes, empezaron como festivales no más sangrientos que cualquier fiesta de pueblo. Los primeros juegos en el 238 a.C. presentaron exhibiciones de monta, acróbatas, funambulistas, animales amaestrados, carreras de cuadrigas y espectáculos atléticos. Había boxeo, pero en lugar de los guantes se utilizaban unas correas de piel suave para cubrir los nudillos. La milicia representaba una simulación de una batalla y la élite de la caballería, compuesta por jóvenes ricos, montados en caballos pura sangre y vestidos con armadura de oro y plata, realizaban ejercicios. Había también carreras de caballos en la que los jinetes tenían que saltar de un caballo a otro mientras iban a galope tendido. De vez en cuando se representaban espectáculos históricos, como el Sitio de Troya, en la que una maqueta de madera que representaba Troya era atacada por soldados vestidos como guerreros griegos y finalmente era incendiada en medio de trompetas y grandes aplausos. Los productores del espectáculo cobraban la entrada.

Más tarde, este tipo de espectáculo empezó a parecer muy insulso para los romanos. El único de los espectáculos que continúo fue las carreras de cuadrigas que, como las carreras de caballos actuales, era un deporte perfecto para apostar. Sin embargo, incluso las carreras de cuadrigas cambiaron totalmente su carácter. En lugar de ser una sencilla carrera, se tuvieron que hacer lo suficientemente sangrientas y excitantes para mantener el interés popular.

El Circo Máximo, el anfiteatro más antiguo de Roma, se diseñó especialmente para las carreras de cuadrigas. Aunque en los primeros días los juegos tenían lugar en un campo abierto cerca de la ciudad y las cuadrigas corrían simplemente alrededor de una ruta marcada en el suelo, describiré cómo eran las carreras en el Circo Máximo alrededor del año 50 d.C. para dar una idea de este *deporte* en su punto más alto.

Construido originalmente alrededor del año 530 a.C., el Circo Máximo medía unos 550 metros de largo por 180 metros de ancho, es decir, más del triple que el mayor campo de fútbol del mundo. Tenía la forma de una larga U. En la parte abierta de la U estaban los compartimentos para las cuadrigas, con unas puertas que se abrían todas de golpe al mismo tiempo, igual que en las carreras de caballos actuales. En el centro del anfiteatro había un largo muro, denominado *spina*, que las cuadrigas tenían que rodear siete veces, para totalizar una distancia de unos nueve kilómetros.

La *spina* era el centro de atención de todo el circo. Tenía estatuas sobre columnas, fuentes de agua perfumada, altares a los dioses e incluso un pequeño templo dedicado a la Venus del Mar, la diosa patrona de los aurigas. Los aurigas siempre quemaban incienso a esta Venus, antes de comenzar una carrera. En el centro de la *spina* había un obelisco, traído de Egipto, coronado por una bola de oro. Esta bola relucía al sol, y era el objeto más llamativo del circo. El obelisco, excepto la bola, se encuentra hoy en día en el centro de la Plaza de San Pedro en Roma, delante de la catedral.

Cerca del final de la *spina* había dos columnas, cada una coronada por un travesaño de mármol. En unos de los travesaños se encontraba una hilera de huevos de mármol. En el otro travesaño había una fila de delfines. Los huevos eran los símbolos de Cástor y Pólux, los gemelos divinos que eran los santos patrones de Roma, y los delfines estaban consagrados a Neptuno, el patrón de los caballos. Cada vez que las cuadrigas daban una vuelta, se quitaban un huevo y un delfín, de manera

Planta del Circo Máximo

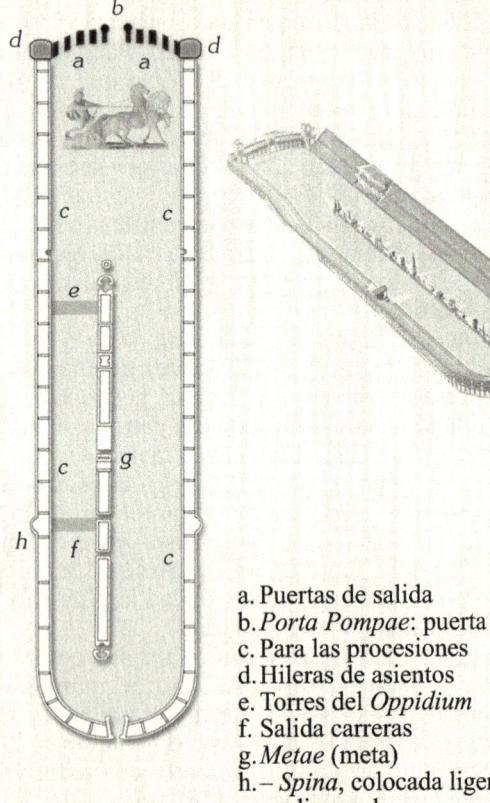

a. Puertas de salida
b. *Porta Pompae*: puerta central
c. Para las procesiones
d. Hileras de asientos
e. Torres del *Oppidium*
f. Salida carreras
g. *Metae* (meta)
h. – *Spina*, colocada ligeramente
   en diagonal
   – *Triba Judicum*: sitio de los
   jueces

que la multitud sabía cuántas vueltas quedaban por dar. En los extremos de la *spina* había tres conos de unos 6 metros de alto, adornados con bajorrelieves. Estos conos, denominados *metae*, actuaban de paragolpes para que la elegante *spina* no sufriera daños producidos por los giros de los carros. Plinio dice que los *metae* tenían aspecto de cipreses.

Las carreras eran gestionadas por varias grandes corporaciones que eran las empresas más lucrativas del mundo romano y que tenían miles de accionistas. Las acciones de estas compañías eran tan valiosas que pasaban de padres a hijos como posesiones de incalculable valor. Estas corporaciones tenían grandes oficinas en el corazón de los distritos empresariales de todas las ciudades, así como en la misma Roma. Además de estas oficinas, los compañías poseían grandes bloques de edificios cerca de los distintos circos (había circos de todo tipo prácticamente en todas las ciudades del imperio) y esos edificios servían de barracones y de establos. Estos edificios solían estar ubicados alrededor de una pista para que los equipos se entrenaran. Las compañías también poseían incontables criaderos de caballos e incluso mantenían flotas de barcos con compartimentos incorporados para transportar caballos de un circo a otro. El tamaño de los criaderos de caballos puede imaginarse por el comentario de un agente gubernamental que, en el año 550 d.C., fue enviado para disolver las granjas, una vez que las carreras fueron abolidas. De una de ellas dijo: «Ya era tan reducida que el propietario tenía sólo cuatro caballos, así que decidí que no merecía la pena preocuparse por ella».

El número de trabajadores empleados por estas compañías, incluyendo a los cuidadores de ganado, mozos de cuadra, conductores, etcétera, es desconocido, pero es interesante echar una mirada a la lista parcial de personas implicadas en una carrera en sí. Además de los aurigas estaban los *medici* (los médicos), los *aurigatores* (los ayudantes de los aurigas), los *procuratores dromi* (los hombres que alisaban la arena antes de la carrera), los *conditores* (que engrasaban las ruedas de los carros), los *moratores* (que enganchaban los caballos), los *sparsores* (que limpiaban los carros), los *erectores* (que bajaban los huevos y los delfines) y los *armentarii* (mozos de cuadra). Además había también caballerizos, entrenadores, veterinarios, talabarteros, sastres, guardias del establo, ayudantes para vestirse y aguadores. Incluso había un grupo especial que no hacía nada salvo hablar a los caballos y animarlos mientras eran conducidos hasta sus compartimentos de salida.

Los aurigas eran en su mayoría esclavos, aunque había unos pocos hombres libres voluntarios, que tenían la esperanza de conseguir fama y fortuna. Esclavo o no, un auriga con éxito era un héroe en Roma y podía ganar grandes sumas de dinero. Algunos aurigas se retiraron millonarios, habiendo comprado su libertad o siendo liberados por un dueño agradecido que había compartido sus ganancias. El emperador Calígula regaló a Eutychus, un famoso auriga, dos millones de sestercios (unos 70.000 euros). Crescens, un hombre de raza negra que empezó a correr con carros cuando tenía trece años, había ganado 60.000 euros cuando murió a los veintidós. Triunfó en treinta y ocho carreras, viniendo desde atrás en la última vuelta para ganar, lo que era considerado una proeza encomiable. Un hombre ganó quince bolsas de oro en una hora. Aunque la suma habitual que se llevaba un auriga por ganar una carrera era de sólo 2.000 euros, recibía mucho más en bonos de la compañía, regalos de los admiradores, sobornos de los apostadores que querían chivatazos y de negocios que utilizaban su imagen en vasijas, placas y camafeos.

Probablemente el auriga más famoso fue un hombre pequeño, moreno y nervudo, llamado Diocles. Fue el primero que ganó mil carreras. Diocles tenía pasión por los caballos y la ropa. Se paseaba arrogantemente por Roma con una túnica de seda bordada y tenía sus propios equi-

Tumba del Auriga en Tarquinia. Estos hombres gozaron de gran prestigio en su tiempo. Fresco que representa a «Phersu». Segunda mitad del siglo VI a.C.

pos, lo que era tan poco habitual como que un *jockey* de hoy en día tenga su propia cuadra. Juvenal escribió amargamente: «Los hombres decentes refunfuñaban cuando veían a un ex-esclavo que ganaba cien veces más que un senador». Pero Diocles era un ídolo de las masas. Había empezado como esclavo, mozo de cuadra de un noble español, y luego había sido enviado a Roma con un cargamento de caballos y allí había sido comprado por un patricio que había admirado su asombrosa habilidad con los temperamentales purasangres. Corrió su primera carrera a los veinticuatro años y, siendo un principiante, fue forzado ilegalmente a ir por la parte exterior. Las posiciones se suponía que se echaban a suerte, aunque normalmente se apañaban. Para tomar la cuerda, un carro exterior tenía que cruzarse delante de los demás, lo que significaba una muerte prácticamente segura. Diocles no lo intentó. Siguió a la cola de los demás hasta la última vuelta y luego, dando una lección de conducción, adelantó a los otros tres carros y ganó la carrera.

Lo habitual era que el dueño de una cuadra de carreras compartiera la bolsa con el auriga, así que Diocles ganó pronto el dinero necesario para comprar su libertad. Luego empleó sus ganancias en comprar caballos, a los que entrenaba él mismo, y también compró su propio carro de carreras. Tenía una cuadra de sementales y ganaba más de 35.000 euros solamente por suministrar los caballos. Además de sus otros privilegios, Diocles, como cualquier otro auriga famoso, tenía el derecho de gastar bromas a las personas que quisiera, incluyendo a los miembros de la nobleza.

Otra fuente de ingresos muy lucrativa de Diocles era hacer carreras insólitas con grandes apuestas. Una vez corrió dos veces en un día, la primera vez conduciendo un tiro de seis caballos (girar con un tiro de seis caballos al final de la *spina* a toda velocidad era una proeza increíble) y ganó 40.000 sestercios. Luego, condujo un carro con siete caballos sin yunta, es decir, sólo con las riendas, y ganó 50.000 sestercios. Pero quizá su proeza más notable fue ganar una carrera sin utilizar el látigo, por una apuesta de 30.000 sestercios. El látigo lo utilizaban los aurigas no tanto para golpear a los caballos sino para guiarlos en los giros. Mientras se rodeaban los conos al final de la *spina* a toda velocidad, el auriga señalaba al caballo cuándo debía girar colocándole en látigo en los hombros, y si uno de los caballos intentaba girar antes de tiempo, el auriga le daba un ligero latigazo. Las riendas estaban atadas a la cintura del auriga, de manera que pudiera conseguir más palanca en el giro, pero esto hacía más difícil controlar a cada caballo de forma individual. Los caballos eran extremadamente valorados, mucho más que los esclavos. El entrenamiento comenzaba cuando los caballos tenían tres años y era tan detallado que un caballo no podía correr hasta que tuviera cinco. Algunos tiros eran tan inteligentes que podían conducirse ellos mismos. Un auriga se cayó cuando su tiro se encabritó a la salida de los cajones, pero los caballos continuaron corriendo y ganaron la carrera. También consiguieron el premio. Los escultores hacían estatuas de los caballos famosos, algunas de las cuales aún perduran. Debajo de las estatuas hay inscripciones del tipo: «Tuscus, conducido por Fortunatus de los Azules, 386 victorias» o «Victor, conducido por Gulta de los Verdes, 429 victorias ». Lucio Vero tuvo un caballo llamado Volucris al que recompensaba con una bolsa de monedas de oro después de cada carrera y el emperador Adriano construyó un mausoleo para su caballo, Borístenes, que aún permanece en pie. El más famoso de todos estos caballos fue Incitatus, que perteneció al emperador Calígula. Incitatus tenía una habitación de mármol, un comedero de marfil y bebía en un cubo de oro. Los muros de su establo estaban decorados por los artistas más famosos y acudía a las cenas de estado, donde sus esclavos personales le servían avena y maíz. Incluso Calígula planeó hacerle cónsul.

A un caballo que hubiera ganado más de cien carreras se le denominaba *centenario* y llevaba un arnés especial. Diocles fue propietario de nueve *centenario*, todos ellos entrenados por él mismo. Llegó a tener un caballo que ganó más de doscientas carreras. Este caballo, de nombre Passerinus, era tan venerado que los soldados patrullaban las calles cuando dormía para evitar que la gente pudiera hacer ruido. El mejor caballo de un tiro siempre se colocaba en la parte interior (lado izquierdo) y nunca iba uncido, sino simplemente sujeto con tirantes. Cuando se giraba, este caballo era el que más cerca estaba de la *spina* y su velocidad y su seguridad eran las que marcaban la diferencia entre la vida y la muerte del auriga. El segundo mejor caballo se colocaba en la parte exterior (derecha) del tiro y, normalmente, tampoco iba uncido al yugo. En los giros, tenía que tirar del carro mientras que el *centenario* del interior pivotaba pegado a los conos. Los dos caballos centrales iban uncidos al asta del carro y fundamentalmente aportaban potencia de arrastre, aunque todo el tiro tenía que conocer perfectamente sus tareas respectivas.

Como hoy en día, había inacabables argumentos sobre los mejores piensos y las mejores granjas. Los caballos no eran herrados, así que el estado de sus cascos era crucial. Los caballos sicilianos eran muy rápidos, pero poco fiables, los íberos buenos sólo para las carreras cortas (tenían los cascos demasiado blandos) y los libios eran los mejores para las carreras largas. Había varias razas que hoy ya no tenemos, como por ejemplo, el orinx, que tenía rayas como las cebras, pero que parece que era una raza de caballos domésticos.

Aunque hay innumerables estatuas de aurigas romanos en los museos y aunque tenemos muchos registros deportivos del tipo «Scorpus de la facción Blanca obtuvo un primer puesto siete veces, un segundo puesto veintinueve veces y un tercer puesto sesenta veces», no he sido capaz de encontrar una descripción detallada de una sola carrera. Sin embargo, hay muchas referencias dispersas de los incidentes que ocurrían en las carreras, y es posible imaginar cómo era una de ellas. Vamos a representar una carrera durante los *Ludi Magni* (los grandes juegos), siendo Diocles uno de los aurigas.

Durante las últimas semanas, prácticamente el único tema de conversación en Roma había sido la carrera y las apuestas. La gente pagaba grandes sumas por los últimos chivatazos, aunque normalmente fueran poco fiables. Séneca, el gran filósofo romano, exclamaba: «El arte de la conversación ha muerto. ¿Es que no se puede hablar de otra cosa que no sea la habilidad de los aurigas y de la calidad de sus tiros?». Diocles era un favorito tan claro que un senador comentó, «Si Diocles pierde, afectará más a la economía nacional que si ocurriera una derrota militar». Pero unos días antes de la carrera, las apuestas se alteraron súbitamente. Todo tipo de rumores se extendían por la ciudad. El dueño de uno de los *conditores* que engrasaban los carros decía que Diocles había sido sobornado para perder la carrera. Un tabernero había oído a dos miembros de la guardia pretoriana que decían

Bajorrelieve del siglo I d.C. con una cuádriga que se acerca
a una curva. British Museum, Londres.

que el emperador, que apostaba por otro equipo, había
llegado a un acuerdo con el patrocinador de los juegos
para repetir la salida si Diocles iba en cabeza. A la *madame* de un burdel le había dicho una de sus chicas, que
había estado con el ayuda de cámara de un prominente
político, que dos de los aurigas que competían habían
hecho el juramento de eliminar a Diocles, emparedando
su carro entre los suyos y derribándole. Un hombre
que tenía una prima que conocía a un veterinario le había
dicho que el *centenario* de Diocles, Passerinus, había sido
drogado. La gente se apresuró a acudir al establo de
Passerinus para probar el estiércol del caballo, por ver
si la historia era cierta. Así que las apuestas subían y
bajaban de acuerdo al último rumor, muchos de ellos
deliberadamente difundido por apostadores de grandes
sumas que especulaban con el resultado la carrera.

Las cuatro corporaciones que controlaban las carreras se conocían como los Blancos, los Rojos, los Verdes y los Azules, y los aurigas llevaban túnicas del color de su corporación, como los *jockeys* llevan los colores de las cuadras. Toda Roma estaba dividida en estas cuatro facciones, de hecho, nuestra palabra *facción* originalmente significaba un grupo de personas que apoyan a un equipo de carreras de cuadrigas. La gente llevaba flores de colores, cintas o pañuelos que mostraran a qué equipo apoyaban. Los romanos eran tan devotos a su facción que a menudo grababan en sus epitafios: «Memmius Regulus fue un hombre bueno, devoto marido y seguidor incondicional de los Rojos». «Nerón, que siempre fue hincha de los Verdes, tiñó la arena de color verde en su honor y el emperador Vitelio asesinó a cincuenta personas por abuchear a los Azules».

El día de la carrera la ciudad estaba casi desierta, ya que casi todo el mundo estaba en el Circo Máximo. Las tropas tenían que patrullar por las calles vacías para impedir los saqueos. Las carreras comenzaban al amanecer y duraban hasta el ocaso. En primer lugar se hacía una procesión, dirigida por el *editor* (el hombre que daba los juegos), que habitualmente era un político que optaba a un cargo y necesitaba votos. El *editor* iba en una cuadriga, vestido con una toga púrpura como si fuera un miembro de la nobleza. Un hombre corriente sólo podía vestir la púrpura cuando era *editor* de unos juegos. Alrededor de la cuadriga marchaban sus esbirros, vestidos de blanco, con ramas de palma, y tras ellos iban un grupo de aristócratas, para demostrar que los hombres ricos y de buena cuna apoyaban también al *editor*. Luego iba una larga procesión de sacerdotes que llevaban imágenes de los dioses en literas, mientras hacían oscilar los incensarios y cantaban himnos. Entre la multitud se habían repartido pañuelos o pancartas con el eslogan político del *editor* «Vota por Eprius Marcellus, el amigo del pueblo» y se organizaban claques con animadores que gritaban el eslogan. A medida que el *editor* daba la vuelta al estadio, saludando y sonriendo, todas las claques le vitoreaban y el resto de la gente se ponía en pie agitando los pañuelos o las pancartas y gritando.

Cuando terminaba la procesión, la multitud se sentaba para estudiar el programa de las carreras y hacer las apuestas de última hora, mientras los corredores de apuestas subían y bajaban por los pasillos. Aún existen hoy en día algunos de los programas grabados en marfil o en latón para la nobleza. Tienen el siguiente aspecto:

1.ª CARRERA

CUADRA DE CARRERAS	TIRO	COLOR DEL CABALLO	AURIGA	CAJÓN DE SALIDA
VERDES	PASSERINUS	GRIS	DIOCLES	III
	POMPERANUS	GRIS		
	TIGRIS	CASTAÑO		
	RAPTORE	NEGRO		

Y así sucesivamente para los cuatro equipos de la primera carrera.

Aunque los cajones desde los que salían las cuadrigas eran todos equidistantes del punto medio entre las gradas y el final de la *spina*, el auriga que tenía el cajón de la izquierda tenía ventaja, ya que podía ir directamente a la *spina* y tomar la pista interior. Los cajones estaban numerados del uno al cuatro y los aurigas sacaban su número de una vasija. Diocles sacó el número tres a partir de la izquierda.

Los esclavos regaban la pista para que no se levantara polvo, rastrillaban la arena y se aseguraban de que nadie hubiera arrojado pellejos de vino vacíos o huesos roídos. Cuando sonaba una trompeta, todo el mundo debía abandonar la pista. Mientras tanto, en el *paddock* detrás de los cajones de salida, los aurigas preparaban sus tiros. Llevaban túnicas cortas que les dejaban los brazos al descubierto, gorras de piel resistentes, que actuaban como cascos, y cada uno de ellos llevaba un cuchillo al cinto para que en caso de accidente pudiera cortar las riendas que se llevaban atadas a la cintura. La mayoría de los aurigas se recubrían de estiércol de jabalí, confiando en que el olor evitara que los caballos les pisotearan si se caían del carro.

Los carros de carreras eran muy ligeros y estaban hechos de madera con remates de bronce. Eran más bajos que los carros corrientes y el eje era más ancho. Cuando sonaba la trompeta para que se vaciara la pista, los cuidadores enganchaban los caballos. Había distintos tipos de enganche. Aunque el más habitual era colocar los dos caballos centrales uno a cada lado del asta del carro y uncidos juntos y los dos caballos exteriores unidos por tirantes, algunas veces el auriga sólo dejaba el caballo de la izquierda sin uncir. En muy raras ocasiones todo el tiro iba sólo con los tirantes, para conseguir así mayor maniobrabilidad. Las colas de los caballos siempre se ataban, de manera que no se enredaran con las riendas.

El enganche era algo digno de verse, con los caballos piafando y resoplando, con las crines tachonadas de perlas y piedras semipreciosas. Llevaban petos con amuletos de oro y plata y cada caballo llevaba alrededor del cuello una ancha cinta con el color de la cuadra. Los romanos defendían que las carreras de cuadrigas mejoraban la raza de los caballos, pero realmente esos caballos eran tan endogámicos y temperamentales que no servían ya para nada excepto para estas carreras suicidas en la arena, a toda velocidad.

Entonces sonaba otra trompeta y los aurigas subían a los carros relucientes y los mozos de cuadra conducían a los tiros hasta los cajones de salida, donde entraban por la parte de atrás. Los mozos se quitaban del medio, rápidamente. Había un momento de pausa. El *editor* de los juegos se levantaba de su sitio y dejaba caer un pañuelo. Las puertas de los cuatro cajones se abrían al mismo tiempo y las cuadrigas salían.

Todos los aurigas intentaban tomar la pista interior alrededor de la *spina*. El resultado era que había tantos choques en esta primera y enloquecida vuelta que hubo que construir una puerta bajo las tribunas, cerca de la salida, de manera que los encargados de la arena pudieran retirar los trozos de carro y los hombres y caballos muertos, de manera que no bloquearan la pista cuando el resto hubiera dado la vuelta a la *spina* y comenzaran la segunda vuelta. Algunas veces la carrera no continuaba, ya que todos los carros acababan apilados en un amasijo en este punto.

Para solucionar este problema, se colocó una cuerda blanca, denominada la *Alba Linea*, que iba de la *spina* a las tribunas, lo suficientemente alta como para hacer caer a un tiro de caballos al galope. Un juez que se encontraba en un palco podía bajar esta cuerda si decidía que había sido una salida limpia. Si los carros no salían a la vez o si había demasiados empujones y acciones antirreglamentarias, no dejaba caer la cuerda y la carrera tenía que comenzar de nuevo.

Esta cuerda representaba una decisión crítica para el auriga. Si corría decididamente para tomar la pista interior alrededor de la *spina* y la cuerda no se bajaba a tiempo, el carro volcaría. Si retenía a los caballos demasiado y la cuerda se bajaba en el último instante, sería adelantado por las otras cuadrigas. Ayudaba conocer los prejuicios del juez. Si era un seguidor en secreto de los Azules y la cuadriga Azul se había quedado atrás, no dejaría caer la cuerda. Si los Azules iban en cabeza, dejaría caer la cuerda, sin importar nada de lo que hubiera pasado.

Supongamos que en esta carrera que estamos describiendo todas las cuadrigas salieron limpiamente y que la cuerda cayó cuando la cuadriga en cabeza se acercó a ella. Podemos estar seguros de que esta primera cuadriga no era la de Diocles. Era famoso por retener a su tiro en los últimos lugares hasta la última vuelta, y luego venir desde atrás para conseguir la victoria. Es posible incluso que Diocles fuera el último cuando las cuadrigas dieran la vuelta a los conos en el extremo de la *spina* durante la primera vuelta.

La estrategia básica de todos los aurigas era dar las vueltas lo más ceñidas posible, pero había otros muchos trucos. Si ibas en cabeza, debías intentar cerrar a las otras cuadrigas, de manera que no pudieran adelantarte. Si estabas en el medio, intentabas cruzarte a las otras cuadrigas en los giros, para forzar a los aurigas a refrenar a sus caballos. Si tenías oportunidad, enganchabas una de tus ruedas por la parte interior de la rueda de una cuadriga rival, y luego girabas bruscamente hacia afuera. Esta maniobra, realizada adecuadamente, podía sacar la rueda del rival de su eje, y así se eliminaba a un competidor de la carrera.

Supongamos que en nuestra carrera al final de la quinta vuelta Orestes, el auriga griego de los Rojos, estaba por delante de Diocles, que corría por los Verdes. Diocles utiliza el látigo solamente para tres de los caballos, porque a Passerinus lo controla utilizando únicamente la voz. Orestes es un auriga muy hábil y al comenzar la sexta vuelta se las arregla para cerrar el paso a Diocles en los giros, de manera que el español no puede adelantarle. Entonces, las dos cuadrigas empiezan una carrera por la parte izquierda de la *spina*. A pesar de todo lo que hace Orestes, Diocles se pone a su nivel, pero por la parte exterior. Aún les queda una vuelta más y Orestes se ciñe todo lo que puede, mientras Diocles gira con él.

Mientras giran, Orestes afloja las riendas demasiado mientras su tiro efectúa el giro. La barra del eje golpea uno de los conos y se rompe. Orestes sale despedido y mientras cae intenta sacar el cuchillo que lleva a la cintura para liberarse de las riendas, pero no puede

El auriga de Delfos.

liberarse a tiempo. Diocles ha tenido que tirar hacia atrás de las riendas con todo su peso, para evitar chocar con los restos del carro, ya que al romperse el eje de Orestes, su tiro ha quedado frente a Diocles. Orestes es arrastrado por sus caballos frenéticos, en un momento dado está medio de pie, y luego está boca abajo. Las otras dos cuadrigas que perseguían a los líderes ven la oportunidad de adelantarlos, pero Diocles grita a sus caballos y suelta las riendas. Se abren camino a través de los restos del carro de Orestes, pisoteando al auriga griego. Passerinus tropieza y casi cae, pero Diocles agarra las riendas del semental con ambas manos y le hace erguir la cabeza. Ahora ya han salvado el obstáculo y no tienen nada por delante. Un último esfuerzo final y cruzan la línea de meta mientras la multitud parece enloquecer. El cuerpo de Orestes está tan pisoteado que, como comentó un escritor de la época, «Ni su mejor amigo podría identificar el cadáver».

Diocles se retiró a los cuarenta y dos años, con una fortuna de 35 millones de sestercios (alrededor de 1.500.000 euros). Sabemos tanto de él porque publicó un libro de memorias, escrito por un «negro», comentarista deportivo de la época. Diocles dice ser el más grande auriga de todos los tiempos (sin duda lo fue desde el punto de vista financiero), aunque admite que otros aurigas ganaron más carreras que él. «¿Pero qué tipo de carreras?», se pregunta. «En provincias hay muchas carreras amañadas. Yo siempre he corrido en los grandes espectáculos del Circo Máximo, donde la competencia es durísima. Nunca hubo otro auriga que ganara más de mil carreras en esas condiciones».

Muy pocos aurigas fueron tan afortunados como Diocles. Fuscus murió a los venticuatro años, habiendo conseguido sólo cincuenta y siete victorias. Aurelius Mollicus, un hombre libre, no un esclavo (parece ser, ya que tenía un nombre compuesto), murió después de conseguir ciento veinticinco victorias. Sin embargo, todos estos hombres tenían estatuas en su honor, con inscripciones elogiosas que intentaban, y que consiguieron, hacerlos inmortales. Las incripciones dicen: «¡Nunca perdió la cabeza en los *Ludi Plebei*!»; «Vino desde atrás para ganar los *Ludi Apollinares*»; «Un desconocido que superó a todos los sabios». Y así sucesivamente. Ahora se encuentran en los museos, para que los contemplen los turistas. La mayoría de ellos eran hombres apuestos, con brazos poderosos y hombros formidables. Vivían por todo lo alto y morían generalmente bajo los cascos de los caballos,

Mosaico con la representación de una victoria de los aurigas Verdes. Museo Arqueológico, Madrid.

mientras la multitud gritaba o pensaba: «Ahí van mis diez sestercios».

A menudo se decía: «El gran espectáculo del circo no son los juegos, sino los espectadores». Los juegos eran la gran salida emocional para un populacho que intentaba sacarle el máximo partido. Durante una carrera, la gente enloquecía literalmente. Las mujeres se desmayaban o, incluso, tenían orgasmos. Los hombres se mordían, se rasgaban las vestiduras, bailaban enloquecidos, apostaban hasta quedarse sin dinero y entonces se apostaban ellos mismos contra los tratantes de esclavos, para conseguir más dinero. Un hombre sufrió un síncope cuando el tiro Blanco iba el último. Cuando los Blancos se colocaron en el primer lugar en la última vuelta, el hombre revivió al enterarse de su buena suerte. Los viajeros que se acercaban a Roma podían oír los rugidos de triunfo cuando terminaba una carrera, antes de ver las torres de la ciudad. Si una facción pensaba que su equipo había llegado a algún apaño, se montaba un motín, y en una ocasión se llegó a producir un incendio que redujo a cenizas el Circo Máximo. Después de esto se dictó una ley para que todos los anfiteatros se construyeran de piedra, aunque las gradas superiores se siguieron construyendo frecuentemente de madera.

Esta obsesión tenía incluso un nombre, se denominaba la *hippomania*: la locura por los caballos. Cuando Félix, un auriga famoso de los Rojos, murió en una carrera y su cuerpo era quemado en una pira funeraria, un hombre se arrojó a las llamas para perecer con su ídolo. El hijo de un noble, al que se le preguntó que es lo que más desearía como regalo, pidió la túnica que llevaba un famoso auriga de los Verdes. Cuando los germanos atacaban Cartago, la gente no quiso defender los muros de la ciudad porque estaban ocupados viendo una carrera de cuadrigas. Cuando Tréveris fue incendiada por las hordas bárbaras, el consejo de la ciudad señaló que el desastre tenía su parte positiva. «Ahora tendremos el espacio suficiente para construir una pista de carreras de cuadrigas en el centro de la ciudad», dijo el gobernador.

Para mostrar cómo creció la pasión por las carreras de cuadrigas he aquí un dato: en el año 169 a.C. había una carrera al día durante los juegos, que tenía lugar por la tarde, como espectáculo culminante. En los tiempos de Cristo, bajo el mandato de César Augusto, había doce carreras al día. En los tiempos de Calígula, cuarenta años después, había veinticuatro carreras al día. Se formaron dos nuevas corporaciones, así que empezaron a competir seis cuadrigas en lugar de las cuatro habituales. Con el tiempo, el número se incrementó, hasta llegar a ser doce e incluso dieciséis cuadrigas, pero es que para entonces el populacho había perdido ya todo el interés por las carreras en sí, y lo único que quería era ver choques violentos.

II

En los lejanos tiempos en los que los juegos eran meras competiciones atléticas no existían aún los combates de gladiadores. Los gladiadores se introdujeron por accidente. Dos hermanos llamados Marco y Décimo Bruto quisieron celebrar un funeral realmente especial a la muerte de su padre. Los hermanos eran patricios adinerados, la clase alta de Roma, y para ellos ofrecer ritos funerarios excepcionales por los parientes muertos era una obligación social fundamental. Para ellos, las procesiones habituales, los sacrificios de animales o las plañideras no eran suficientes, pero Marco tuvo una idea.

En los tiempos prehistóricos, existía una antigua costumbre, que consistía en hacer luchar hasta la muerte a algunos esclavos de altos dirigentes», le recordó a su hermano. «¿Por qué no revivimos ese espectáculo para demostrar cuánto veneramos la memoria de nuestro anciano padre?.

Décimo le dio vueltas a esa sugerencia. En origen, esta ceremonia había tenido el significado de sacrificio

humano y las almas de los esclavos muertos, supuestamente, servirían a su dueño en el otro mundo. La lucha
servía para asegurar que sólo los hombres valientes capaces de ser fieles seguidores podrían seguir siendo fieles
cuando su jefe hubiese muerto. Unos romanos educados
como los hermanos Bruto no creían en esas viejas su-
persticiones, pero su padre había sido un gran soldado
y había tenido mucha afición por los deportes duros.

«Nada complacería más a nuestro padre», admitió.
«Si los sacerdotes están de acuerdo, lo haremos.
Nuestra posición social quedará definitivamente
consolidada».

Los sacerdotes no pusieron ninguna objeción y la
mitad de Roma asistió para presenciar la lucha. Lucharon tres parejas de esclavos y la multitud quedó muy
complacida. Los hermanos se convirtieron en los hombres más populares de Roma por haber organizado un
espectáculo tan ameno. Los políticos, ansiosos por ser
elegidos, decidieron presentar exhibiciones parecidas.
La siguiente estadística demuestra lo rápido que se im-
puso la idea:

264—a.C. 3 parejas de esclavos
216—a.C. 22 parejas de esclavos
183—a.C. 60 parejas de esclavos
145—a.C. 90 parejas lucharon durante tres días

Pronto se dio por hecho que cualquiera que aspi-
rase a ostentar un cargo debía organizar luchas de esclavos, cuanto más llamativas, mejor.

Los promotores comenzaron a acaparar las exis-
tencias de esclavos sanos, criminales y prisioneros de
guerra destinados especialmente para estas luchas. Entonces los alquilaban por un precio por cabeza tan alto
como los ambiciosos políticos pudiesen pagar. Estos lu-

chadores-esclavos profesionales se convirtieron en lo que hoy conocemos como «gladiadores», que significa «espadachines».

Mientras el número de gladiadores que luchaban no era muy alto, las luchas se celebraban generalmente en el Foro, pero cuando el número de los que se enfrentaban subió a varias docenas, ya no había suficiente espacio. Entonces las luchas se trasladaron al Circo y los gladiadores escenificaban sus combates como una atracción más junto a las carreras de cuadrigas, los acróbatas, los domadores de animales salvajes y otros artistas. A menos que el espectáculo estuviese subvencionado por algún hombre adinerado en honor de sus ancestros, los espectadores debían pagar una entrada y el asunto se convirtió en puro negocio, pero más tarde los políticos, en su afán por conseguir votos, lo hicieron gratuito, y a veces era el propio gobierno el que los organizaba cuando les convenía mantener al populacho tranquilo.

Lamentablemente, ningún gladiador tuvo la amabilidad de legarnos sus memorias, o si alguno lo hizo, el manuscrito no ha perdurado hasta nuestros días. Sin embargo, nuestros conocimientos sobre el tema son amplios gracias a los escritores romanos, como Suetonio, Marcial y Tácito que nos describieron los combates con todo lujo de detalles. Sabemos, por ejemplo, que uno de los más famosos gladiadores se llamaba Flamma y, aunque conocemos muy poquito más sobre él, a excepción de una larga lista de triunfos aplastantes, y ayudados por la combinación de las historias de varios gladiadores, podemos obtener una imagen bastante exacta de cómo eran estos asesinos profesionales.

Imaginemos que dicho Flamma fuese corpulento, un hombre fuerte como un toro. La mayoría de los gladiadores lo eran, como aparecen en sus estatuas y retratos en los monumentos. Nuestro gladiador bien podría haber sido soldado raso, y haber sido condenado a la arena por insubordinación. Tenemos noticia de este caso, y el hombre involucrado podría ser Flamma.

Según sabemos, este hombre fue amonestado por un oficial joven, recién salido de la escuela militar y sin poderse contener le contestó. El oficial le golpeó con un bastón y Flamma le derribó. Por tamaña ofensa fue sentenciado a la arena.

Flamma tenía la esperanza de enfrentarse con algún otro exsoldado y luchar con la espada y el escudo reglamentario, situación que él habría sabido dominar, pero el castigo por pegar a un oficial era la muerte y los altos mandatarios determinaron que Flamma nunca podría abandonar la arena con vida. Por esa razón le pusieron en una de las «actuaciones novedosas» que surgían en aquel momento. El populacho romano se había cansado de los combates habituales, por lo que los organizadores inventaron las luchas entre un *retiario*, que no llevaba armadura pero sí una red y un tridente (una lanza de tres puntas), y un *secutor*, que aparecía equipado como un galo y llevaba una espada y un escudo. Llevaba un peto y su brazo derecho y su pierna izquierda estaban protegidos con una coraza. Su brazo izquierdo y su pierna derecha permanecían desnudos para darle más libertad de movimientos. A excepción de un símbolo de un pez, su casco era muy sencillo para no ofrecer ningún punto débil donde la red o el tridente del *retiario* pudieran engancharse. Flamma debía interpretar el papel de *secutor* o «perseguidor. «Dependía de él capturar al ágil *retiario* o «pescador». Los bordes de la red del *retiario* estaban ribeteados de pequeños lastres de plomo, para que al lanzarla se abriera formando un círculo. En la actualidad los pescadores de muchos lugares del mundo utilizan redes similares. Si tenía éxito y capturaba al *secutor* con su red, el *retiario* podía desequilibrarle, ya que portaba armas muy pesadas, y ensartarle con su tridente. El *retiario* siempre tenía ventaja en estas luchas. Incluso frente a gladiadores bien entrenados, las apuestas estaban normalmente cinco a tres a favor del pescador. En este caso, Flamma no sabía nada del asunto, mientras que el *retiario* era un verdadero experto. Las apuestas estaban cincuenta a uno a favor del *retiario* y no había tomadores.

Cuando Flamma apareció en la arena con su atuendo de galo, fue recibido por la muchedumbre con abucheos y silbidos. Sabían que era un amotinado y que no era más que un cretino que en ningún caso les iba a ofrecer una lucha interesante. Flamma era un tipo bastante simple al que la corte marcial y la sentencia habían hundido la moral. Cuando vio que todo el mundo estaba contra él, dejó caer su espada y se sentó a esperar a que el *retiario* acabase con él. La multitud, sintiéndose estafada, estalló en gritos de: «¡Gallina!», «¿De qué tienes miedo?», «¿Por qué mueres tan enfurruñado?», «¡Qué le azoten!», «¡Qué le quemen!». Un gladiador que se negaba a luchar era azotado y le pinchaban con hierros candentes hasta que cambiase de opinión. Pero todo el regimiento de Flamma había acudido a la lucha y se levantaron de sus gradas y comenzaron a animarle, gritando. Cuando Flamma escuchó voces familiares, recogió su espada y gritó: «¡Está bien chicos, lo haré lo mejor que pueda en honor al regimiento!». El *retiario* había estado alardeando en la arena, recibiendo aplausos y concertando citas con las mujeres más guapas para después de la lucha. En ese momento, colocó su red y se encaminó hacia el soldado.

Según se iba acercando a Flamma, el *retiario* iba entonando el canto tradicional de su profesión: «No voy en pos de ti, voy en pos de un pez. ¿Por qué huyes de mí, oh Galo?», mientras hacía tentativas de lanzamiento con su red. Después fingía que resbalaba y caía, con la esperanza de que Flamma perdiera el equilibrio. Como esto no daba resultado, empezó a bailar alrededor del hombre pesadamente armado, llamándole cobarde y desafiándole a que se acercara, pero Flamma tuvo el sentido común de salir del alcance del ágil *retiario* que le perseguía alrededor de la arena. Se colocó en su terreno e hizo que el contrincante se acercase. El *retiario* le rodeó, sosteniendo la red por un borde y arrojándola a los pies de Flamma, con la intención de enrollar la larga red alrededor de las piernas del *secutor* y tirarle. Entonces de repente cambió su técnica y le lanzó la red a la cara. Flamma la desvió con el escudo pero uno de los lastres de plomo le golpeó el ojo izquierdo, cegándole parcialmente. El *retiario* vio su oportunidad, y precipitándose hacia él, le arrebató la espada de la mano con su tridente. Ambos corrieron hacia la espada, pero el rápido *retiario* llegó primero y tiró la espada hacia las gradas. Entonces se volvió para acabar con aquel hombre desarmado.

Parecía que Flamma estaba acabado, pero el *retiario* cometió el error de mostrar primero algunas filigranas con los lanzamientos de red. Flamma se las arregló para dar una patada al tridente y mandarlo a la otra punta de la arena. El aterrado *retiario* se volvió para correr tras él, pero antes de que pudiera empezar, Flamma le agarró de la túnica. Cuando el *retiario* cayó de rodillas, Flamma le dio un golpe de conejo con el borde del escudo y lo mató.

La victoria, aunque inesperada, no pareció ayudar a Flamma. El emperador se limitó a pedir que saliese otro *retiario* y terminase con él. Pero entonces el condenado tuvo una oportunidad. El apodo de Flamma en los barracones era «barbo» porque los barbos tienen bigotes como el pez gato y Flamma tenía una barba muy hirsuta. Los soldados en las gradas habían estado gritando: «¡Ve a por él, barbo!» y la multitud había dejado de increpar a Flamma al ver que realmente deseaba luchar. Ahora un «barbo» había matado a un «pescador» y la multitud encontró la paradoja tan jocosa que pidieron clemencia para él. Muy pocos emperadores osaban ignorar la voluntad del pueblo en el circo. A menudo famosos bandidos y criminales se habían salvado de esta forma, para indignación de los jueces. Así que Flamma fue enviado a la escuela de gladiadores para aprender su nuevo oficio.

Un duelo entre el secutor Astyanax y el retiario
Kalendio,en un mosaico del siglo ɪᴠ d.C. Museo
Arqueológico Nacional, Madrid.

En esos tiempos (aproximadamente en el 10 d.C.
bajo el imperio de César Augusto) había en Italia cuatro
grandes escuelas de gladiadores. Eran conocidas como la
Gran Escuela, la Gala, la Dacia y la escuela para *bestiarios* (luchadores con animales). Más tarde, aparecieron
docenas de escuelas mantenidas por aficionados adinerados, tal y como hoy en día los millonarios mantienen
cuadras para las carreras. Flamma fue enviado a la Gran
Escuela en Roma. No queda ningún vestigio de esta escuela, sin embargo la escuela de gladiadores de Pompeya

se conserva en buen estado, por lo que podemos describirla, aunque la de Roma debió haber sido mucho más grande.

La escuela era un recinto rectangular de aproximadamente 50 metros de largo por 40 de ancho, con una pista al aire libre en el centro donde los hombres entrenaban. Alrededor de la pista había un soportal con pequeñas habitaciones abiertas hacia él, similar a un claustro. Las habitaciones eran sólo de tres por cuatro metros, pero a cada hombre le correspondía su celda, en la que podía permanecer solo. Había una cocina, un hospital, una armería, dependencias para los entrenadores y los guardias, e incluso un cementerio. Había también una prisión con barrotes de hierro, grilletes, hierros para marcar y pinchos. Existía una sala que comunicaba con la prisión que se utilizaba para los confinamientos aislados con un techo tan bajo que el confinado debía permanecer sentado y tan corta que no podía estirar las piernas. Los restos de cuatro gladiadores fueron hallados en la prisión pompeyana, los hombres no pudieron escapar cuando la ciudad se cubrió con la lava del monte Vesubio.

La escuela pertenecía a un gran promotor, pero por aquel entonces la dirigía un exgladiador ya entrado en años que se conocía todos los trucos. Estos entrenadores eran conocidos como *lanistas*.

Se tomaban todas las precauciones posibles para mantener a los gladiadores bien custodiados. Los romanos nunca olvidaron la lección que aprendieron en el 72 a.C. cuando un gladiador llamado Espartaco, junto a setenta compañeros, escapó de la escuela y se refugiaron en el cráter del monte Vesubio. Como todos aquellos hombres eran luchadores profesionales, el intentar sacarles del cráter se convirtió en un gran problema. Además se les habían unido esclavos fugados, bandas de ladrones y campesinos descontentos. Bajo la dirección de Espartaco, esta banda de proscritos derrotó a dos generales romanos y se apoderaron de todo el sur de Italia. Casi iban a conquistar la propia Roma cuando fueron exterminados por las legiones enviadas con urgencia desde las fronteras.

Flamma tuvo que hacer primero un juramento: «En caso de desobediencia, sufriré en mis propias carnes los pinchos de las varas, la quemazón del fuego o la muerte bajo el acero». Después se le entregó su celda cuyo anterior ocupante había muerto en los últimos juegos.

Había un banco de piedra que servía de cama, con un colchón relleno de paja, y una hornacina en la pared donde Flamma podía colocar la estatua del dios al que adorase. No había ningún otro mueble. En las paredes había nombres de mujeres garabateados con sus direcciones debajo, dibujos de mujeres desnudas, «Sabinus hic» (Sabinus estuvo aquí), plegarias a diferentes dioses, insultos hacia los maestros de gladiadores y fechas de combates. En Pompeya, aún se conservan estas inscripciones. También había dibujos un tanto crueles de combates, un *secutor*, enredado en la red, ensarta al *retiario* con su espada, y algunas escenas de lucha entre diferentes tipos de gladiadores.

Sobre una figura estaba escrito, «Bebrix, 20 victorias» y sobre otra, «Nobilior, 11 victorias». Nobilior está caído, pidiendo clemencia a la multitud haciendo una seña con el pulgar de su mano izquierda hacia arriba. Bajo él está el símbolo θ que significa «muerto».

Siendo un hombre flemático y acostumbrado a la disciplina férrea, Flamma se adaptó a la escuela sin mucha dificultad. Otros gladiadores tuvieron más problemas. Se hacían rondas de vigilancia día y noche en los barracones para evitar que ninguno se suicidase, pero aun así algunos se las arreglaban para burlar la vigilancia de los guardias. Un hombre, cuando era conducido a la escuela en un carro, se las ingenió para meter la cabeza en la rueda que estaba girando y se partió el cuello. Otro cogió un cuenco de agua, lo rompió en trozos pequeños, y se los comió. Flamma no podía comprender qué les incomodaba tanto a esos hombres. La comida era buena, la cama cómoda, y les llevaban chicas una vez por semana. Sólo tenían veinte luchas al año y no sufrían largas marchas, ni emboscadas por sorpresa, ni interminables campañas como en el ejército. Amigo, ¡esto sí que era vida!

Durante las primeras semanas Flamma se estuvo entrenando golpeando con una espada contra un poste de madera en la pista y después contra un muñeco colgado de un palo, todo bajo las órdenes del *lanista*. Tuvo que aprender a usar su mano izquierda tan ágilmente como la diestra, algunos luchadores probaron el polvo por culpa de un buen zurdo. Con el fin de fortalecer sus músculos, le dieron armas dos veces más pesadas de las que tendría que utilizar en la arena. Después luchó con otros gladiadores con armas romas. Al fin se disputaron asaltos reales, pero se interrumpían cuando había algún herido.

Todos los hombres comían alrededor de una mesa muy larga y su rancho era preparado cuidadosamente por dietistas expertos. Tomaban una gran cantidad de carne y cebada, la carne por su contenido en proteínas y la cebada, porque existía la creencia de que recubría las arterias con una capa de grasa que les prevenía de morir desangrados por una herida.

Quizá lo que convenció a Flamma para convertirse en gladiador, más que cualquier otra cosa, fue la armadura tan bonita que le habían permitido llevar en la arena. Como hijo de campesino italiano pobre, nunca había poseído nada realmente admirable en toda su vida y al fin y al cabo era un tipo bastante simple. (Hasta la primera guerra mundial, los soldados insistían en ir correctamente vestidos para entrar en batalla y muchos de ellos se alistaron al ejército para poder llevar el gorro militar y un bonito uniforme rojo con botones dorados. Incluso en nuestros días un general afirmó que la razón por la que tantos hombres se alistan en la marina es porque el cuerpo de la marina aún mantiene ese uniforme tan ampuloso, y quizá tenga razón). Para un hombre como Flamma, una armadura elegante tenía mucho valor. Sus cascos tenían plumas de avestruces y pavos reales. Sus petos tenían incrustaciones de oro y plata. El mango de su espada estaba decorado con piedras preciosas. Su escudo de bronce estaba cubierto con tachuelas doradas y su interior estaba pintado de rojo brillante. Las armaduras de sus brazos y sus muslos tenían escenas de luchas de gladiadores grabadas por artistas famosos. Los esclavos limpiaban y pulían todo, para que lo único que tuviese que hacer Flamma fuera lucirlo, muy diferente del ejército donde él mismo debía sacar brillo a su equipo. El entrenador se fijó en el estilo de Flamma y decidió utilizarle como *Postulati*, luchando con una armadura completa, una espada y una maza contra todos los atacantes, que podían llevar todas las armas que quisiesen. La primera aparición pública de Flamma como gladiador profesional fue en unos *ludi privati* (juegos patrocinados con capital privado) ofrecidos por un político. Durante las semanas anteriores al evento, anunciantes profesionales habían recorrido la ciudad escribiendo reclamos para los juegos en cualquier sitio, incluso en las lápidas. Todavía algunas en los cementerios romanos con la inscripción: «Prohibido fijar anuncios» grabada en ellas. Este es uno típico escrito en rojo en una pared:

> Si el tiempo lo permite, 30 parejas de gladiadores, suministrados por A. Clodius Flaccus, además de los sustitutos, por si algún hombre muriese demasiado pronto, lucharán el 1, 2 y 3 de Mayo en el circo Máximo. Después de las luchas se celebrará la caza de una gran bestia salvaje. Luchará el famoso gladiador Paris. ¡Hurra por Paris! ¡Hurra por el generoso Flaccus, que corre con los gastos del duunvirato!

Debajo hay una referencia personal del escritor que dice:

> Marco escribió este anuncio a la luz de la luna. Si contratas a Marco, trabajará día y noche para hacer un buen trabajo.

Hacía un día espléndido y una gran multitud acudió a llenar el circo. Los propietarios de las casas aledañas desde las que se veía el anfiteatro alquilaron sus tejados a la gente que no había conseguido un sitio en las gradas. (Después esta fuente de ingresos desapareció ya que elevaron tanto el Circo Máximo que no se podía ver desde fuera).

T.	M.
v. Pugnax Ner. III	p. Murranus Ner. III
Ess.	Ess.
m. P. Ostorius Jul. LI	v. Scylax Jul. XXVI

En el foso que rodeaba la base de las gradas se mantenía agua corriendo para mantener la arena fresca. El público tenía programas que le orientaban sobre las apuestas. Estos programas se escribían en una especie de código deportivo y uno de los últimos era así:

Esto significaba que un gladiador llamado Pugnax, un *Tracio* (luchaba con un escudo pequeño y redondo y una espada corta y curva) se enfrentaba contra Murranus, un *mirmidón* (con armas galas como el *secutor*). Ambos procedían de la escuela neroniana de gladiadores fundada por Nerón en Capua. Los dos habían tenido tres victorias. Cuando era la primera lucha de un hombre se ponía una T de *tyro* -novato- después de su nombre. La «v» y la «p» las escribió el propietario del programa más tarde. La *v* para el vencedor y la *p* para el perdedor.

La segunda línea significa que Publius Ostorius (aparentemente un hombre libre, a juzgar por su nombre doble) que era un luchador a sueldo y ganador en cincuenta y un combates se enfrentaba a un hombre llamado Scylax que había obtenido la victoria en veintiséis ocasiones. Ambos pertenecían a la Escuela de gladiadores juliana. La «Ess» corresponde a *essedarii*, lo que significa que habían luchado desde las cuadrigas. Scylax resultó ganador, pero a Ostorius el pueblo le perdonó la vida (posiblemente porque era un ciudadano romano). La «m» se identifica con «*missus*» (se le deja marchar).

Después de que A. Clodius Flaccus diese una vuelta al ruedo montado en su cuadriga alquilada, seguido por sus bufones, desfilaron los gladiadores, cada hombre con su armadura y llevando las armas con las que iban a luchar. Debía resultar magnífica la escena de las armaduras brillando al sol, las plumas de los cascos agitándose, los poderosos gladiadores recorriendo la arena con pasos enérgicos y los cincuenta instrumentos de la banda tocando una marcha. Los gladiadores se detuvieron frente al palco privado del emperador y, levantando su mano derecha sin titubeos, gritaron:

¡Ave César! ¡Los que van a morir te saludan!.

Entonces se volvieron y en formación militar marcharon hacia sus aposentos a través de la *Porta Libitinensis* (una pequeña cancela bajo las gradas).

Después de una tanda preliminar de acróbatas, animales amaestrados y equitación como número cómico, llegó la hora de la lucha. Los gladiadores se enfrentaban a un grupo de prisioneros de guerra germanos. Esto sucedía porque un gladiador bien entrenado constituía una inversión muy valiosa y los *lanistas* evitaban todo lo que pudiese ocasionar la muerte innecesaria de sus hombres. La mejor manera de salvaguardar a un gladiador era enfrentarle a un luchador no profesional. Cuando un gladiador luchaba contra otro, el encuentro con frecuencia estaba amañado, al menos en este primer período. Incluso cuando el populacho pedía la muerte para el caído, el que había salido victorioso sólo fingía acabar con él. Entonces era arrastrado por un gancho como si de un verdadero muerto se tratase y después se le enviaba a algún circo de provincias donde no le reconociera nadie. Dependía mucho del organizador de los juegos. Él podía ofrecer mejores combates cuando insistían en que los hombres luchasen a muerte, pero eso tenía un coste extra.

Los germanos llevaban su arma nacional: la jabalina corta. No vestían armadura, simplemente utilizaban pieles de oso como protección. Sin embargo, superaban en número de dos a uno a los gladiadores con los que se enfrentaban. Aún así, los gladiadores, tan bien entrenados, no tuvieron ningún problema, excepto con un hombre escandinavo, un gigante con una larga cabellera y una poblada barba rubia. Él luchaba con un enorme mandoble. Ya había matado a dos gladiadores, cortándoles la cabeza, a pesar de la gorguera que protegía sus cuellos. Lo estaba haciendo tan bien que pararon la lucha y se le concedió la libertad. El aplauso fue unánime cuando el escandinavo insistió en hacer un discurso dirigido a la multitud en su mal latín. Contó que había matado a seis legionarios antes de ser capturado, que los romanos eran todos unos gallinas y que uno solo de ellos podía acabar con una de sus legiones y que él mismo podría dar una paliza a cualquiera del público. El pueblo tenía el suficiente espíritu deportivo como para admirar su aplomo y comenzaron a aplaudirle, pero en las gradas se encontraba un joven oficial cuyo padre había muerto a manos de las tribus germanas, al que no le gustaban los nórdicos y saltó a la arena, retando al escandinavo a luchar.

Éste aceptó y como era un enfrentamiento lleno de odio y sed de venganza, la multitud entera se puso de parte del oficial. Como éste no llevaba armas, le pidió a Flamma armadura y espada. Entonces comenzó el enfrentamiento.

Los combatientes estaban tan claramente enfrentados que desde las gradas no salía ninguno de los gritos ni ovaciones habituales; el público contenía el aliento, atento a cualquier movimiento. No se oía ni un ruido en el gran anfiteatro salvo el choque de las espadas. A pesar de llevar armadura, el oficial contaba con ser más rápido que el escandinavo con su engorrosa piel de oso, pero éste hizo gala de una sorprendente e inesperada agilidad. Por dos veces golpeó al romano en las rodillas y sólo un milagro habría podido salvar al joven. Entonces el romano saltó hacia atrás para evitar el golpe del gran mandoble, resbalando en un mar de sangre. Entonces cayó y el escandinavo, con un pie sobre él, agarró bien su espada para asestar el golpe mortal.

Un grito ahogado surgió de entre la multitud, la suerte estaba echada. De repente el hombre caído golpeó con su escudo certeramente en la entrepierna del escandinavo. Cuando el gran hombre estaba retorciéndose de dolor, el romano rodó fuera de su alcance, de un salto se puso en pie y clavó su espada en la axila de su oponente, que no estaba cubierta por la pesada piel de oso. El escandinavo se derrumbó mientras el público gritaba con una excitación delirante y la banda tocaba frenéticamente.

Naturalmente, todos recordarían esos juegos por la brillante victoria del joven oficial, pero Flamma estaba muy satisfecho. Se había deshecho de sus dos germanos de una manera pulcra y eficiente, como buen exsoldado que hubiera aprendido a cumplir el trabajo asignado y nada más. Le pareció admirable la hazaña del joven oficial y estaba orgulloso de que hubiera utilizado su armadura y su espada, pero él sólo era un gladiador y ese tipo de alardes bien podían dejarse para jóvenes aristócratas impulsivos, con más posesiones que sentido común.

El *lanista* mantenía su atención puesta en Flamma. Le gustaba la forma de pelear del soldado: nada espectacular, pero muy fiable. En los años siguientes, Flamma acabó con *hoplomachis* griegos con armaduras completas, que luchaban con picas, con *dimachaeri* con dagas en ambas manos y con *andabatae* montados a caballo. Sus oponentes habituales eran *samnitas,* que iban equipados casi como los *secutores.* Los *samnitas* fueron los primeros gladiadores profesionales porque los grandes combates de gladiadores comenzaron poco después de que la nación Samnita fuera conquistada por los romanos y se utilizara a los prisioneros como gladiadores. Durante mucho tiempo se identificaba la palabra «gladiador» con «samnita», pero los romanos conquistaron otras naciones y se fueron introduciendo continuamente nuevos estilos de gladiadores, por lo que los *samnitas* se quedaron en un tipo más entre ellos. Sin embargo, nunca perdieron su atractivo y se les consideraba el «gladiador clásico», mientras que a los demás se les consideraba como meras novedades.

A Flamma le derrotaron en un par de ocasiones pero la multitud siempre le salvaba, con la señal del pulgar hacia arriba que significaba clemencia para el caído.

Flamma, ya ganase o perdiese, siempre ofrecía un buen combate y por eso gustaba al público.

Se ha especulado mucho sobre las señales que empleaba el populacho para expresar sus deseos. Hasta hace poco se creía que «pulgares hacia abajo» significaba la muerte y «pulgares hacia arriba» que se le perdonaba la vida. Algunos entendidos piensan actualmente que la señal para expresar la muerte era clavarse el pecho con el pulgar como diciendo «clávaselo aquí» y la señal de clemencia era extender la mano estirada con el pulgar doblado bajo la palma. Otros piensan que el pulgar sólo se utilizaba en señal de muerte, y que la multitud agitaba pañuelos blancos para pedir clemencia. Nadie lo sabe con seguridad. Quizá existían diferentes gestos y era una cuestión de moda; algunos se utilizaban en una época y otros en otra.

Al no ser un luchador brillante, la popularidad de Flamma creció lentamente, pero la gente comenzó gradualmente a fijarse en ese gran hombre que nunca tenía luchas apoteósicas pero que siempre ganaba. Algunos luchadores adoptaban algunas poses como si de luchadores modernos se tratase, dándose grandes golpes unos a otros, entrechocando sus escudos, fingiendo caer o doliéndose como si hubieran recibido una herida mortal y entonces volviendo heroicamente a la refriega. También asemeján-dose a la lucha libre, había un «héroe» y un «villano». Normalmente el héroe era un joven romano bien acica-lado, que solía ser un hombre libre que luchaba a sueldo o algún joven adinerado y ocioso que había malgastado su herencia y acudía a la arena como último recurso. El héroe siempre aparecía en una pose de cuidada concentración y recibía una gran ovación del público cuando explicaba que sólo luchaba para poder conseguir el suficiente dinero para enterrar a su padre y poder mantener a su pobre madre viuda. El villano tenía un aspecto rudo y aparecía insultando al héroe, escupiéndole, y prometiendo macha-carle el trasero. El héroe ganaba siempre. Naturalmente, este tipo de luchas estaban amañadas o las escuelas de gla-diadores se habrían quedado sin villanos.

Las luchas no siempre estaban planeadas. La multi-tud era bastante sagaz y detectaba las farsas y además resultaba difícil persuadir a un gladiador para que per-diese el combate, si él pensaba que tenía fácil ganar porque iba a depender de su oponente matarle o no, sin tener en cuenta el acuerdo previo. Aún, hasta el reinado de Tiberio (o, aproximadamente hacia el 20 d.C.) se podía ver un toma y daca aceptable en la arena. Un gla-diador bien entrenado era un hombre valioso y lo sabía. Un gladiador experto nunca lucharía con un novato. Muchos de ellos demostraban su desprecio a la plebe y solían parar en medio de la lucha para increpar al público. Tenían un gran espíritu corporativo. Un gladiador se enorgullecía de recibir sus heridas sin chistar e incluso heridos de muerte jaleaban al *lanista* para que les diese órdenes. Al *lanista* le estaba permitido permanecer en el borde mientras sus hombres luchaban, como los entre-nadores de los boxeadores, y daban instrucciones. Esto le era de gran ayuda a Flamma, ya que era demasiado comedido y a menudo necesitaba a alguien que le gri-tase: «Inténtalo con el gancho bajo la hombrera» y cosas así.

Pollice verso (pulgares abajo). Una pintura realizada en 1872 por Jean-Léon Gérôme. Phoenix Art Gallery.

Lentamente, tras un arduo trabajo y una suerte considerable, Flamma se convirtió en uno de lo gladiadores de más fama de Roma. Nunca fingía un combate, siempre lo hacía lo mejor posible, y poco a poco fue ganando adeptos en la ciudad. Los escultores tallaban estatuas con su efigie; su cabeza aparecía en las monedas representando a Marte, el dios de la guerra; le invitaban a cenar en casa de los ricos y una rica dama adinerada le otorgó una propiedad. Las mujeres le admiraban y por las paredes se veía escrito: «Flamma es la devoción y el anhelo de las mujeres» y «Oh tú, Flamma, eres el único médico que puede curar mis males.» Él nunca alcanzó lo que el gladiador Spiculus, que había conseguido un palacio regalado por Nerón, o Veianius a cuyo hijo se le concedió un título, pero Flamma estaba conforme. Empezó a enriquecerse. Después de un exitoso combate, fuera el que fuese el que organizaba los juegos, debía ofrecer al ganador un cuenco de monedas de oro con la cantidad exacta que el público hubiese decidido. También, como Diocles, Flamma vendía consejos para la lucha, y tuvo una gran idea para conseguir que dos gladiadores que luchasen tuviesen el máximo de posibilidades para sobrevivir ambos.

En aquella época, un gladiador debía luchar durante tres años. Después era apartado de la lucha pero permanecía como esclavo, trabajando en la escuela durante otros cinco años. Pero el público, en cualquier momento, podía pedir que se le otorgase la espada de madera, lo que significaba que se le retirase de la arena. Antes de los combates reales, los gladiadores se entrenaban con armas de madera, por lo que una espada de madera significaba que en el futuro aquel hombre no tendría que luchar más por su vida.

Después de uno de sus más brillantes combates, la multitud entusiasmada pidió que se le concediese la codiciada espada de madera. Flamma la rechazó con indignación.

«¿Estáis locos?», bramó contra las gradas. «Estoy ganando más dinero que nadie en Roma, puedo tener a la mujer que quiera, vivo en una villa y todo el imperio me aclama. ¿Dejar la arena? ¿Para qué?».

«¡Hurra por el viejo Flamma!», aulló la multitud enfervorecida. Flamma rechazó el ofrecimiento de la espada de madera en cuatro ocasiones, el único gladiador que rechazó, no una, sino varias veces la oferta. Por esa razón, su nombre ha trascendido hasta nosotros después de casi dos mil años. Cuando finalmente se retiró, le dieron un rectángulo de marfil, como una placa de identificación del ejército, para que la llevase colgada al cuello. Tenía una inscripción con su nombre, el nombre de su antiguo dueño y la fecha en que consiguió su libertad. Flamma se casó y vivió una vejez discreta en su villa, contándole al que le quisiera escuchar que los gladiadores modernos no estaban hechos de la misma pasta de la que estaban hechos los hombres cuando él era joven. Cuando murió, su devota familia esculpió en su tumba la lista de sus victorias.

Esa actitud de Flamma respecto a su profesión no fue la única. Un *mirmidón*, durante un período en que había pocas luchas, se quejaba de que estaba malgastando los mejores años de su vida. Epícteto, un escritor romano, afirmaba que los gladiadores solían rezar pidiendo más combates que les permitieran distinguirse en la arena, y así ganar más dinero. (No es sorprendente, pues, que el brindis de las fuerzas armadas de Gran Bretaña fuese: «Por una plaga repentina y una guerra sangrienta, las dos únicas cosas que pueden acelerar un ascenso»).

Aunque no tan popular como la lucha con espada, el boxeo también se practicaba en la arena. En su origen fue un simple evento atlético, como sucede con nuestro boxeo, y entonces los organizadores decidieron animarlo para llamar la atención del gentío. Las correas de piel sobre los nudillos fueron tachonadas con algo parecido a nudillos metálicos. Este invento se llamaba *caestus* y más tarde se le añadieron incluso uñas. El *caestus* de un famoso luchador, cubierto de sangre y sesos, se colgó en una escuela para imprimir coraje a las jóvenes promesas.

Statius ofrece una descripción de un combate de boxeo. El organizador abre el enfrentamiento gritando:

> «Ahora se necesita coraje. Utilizad el terrible caestus en una pelea encarnizada, después de las espadas, esta es la mejor forma de demostrar vuestra bravura.».
>
> Capaneus se puso las correas oxidadas, cubiertas con trozos de plomo, y él era tan duro como el plomo. Su oponente salió, un joven de cabellos rizados llamado Alcidamas. Capaneus le echó un vistazo, se rió y gritó: «¿No tenéis algo mejor que esto?».
>
> Elevaron sus brazos, que sonaron terriblemente, como truenos, mirándose a los ojos. Capaneus es un gigante, pero que está envejeciendo, Alcidamas es sólo un jovencillo, pero más fuerte de lo que aparenta.
>
> Se tantean, presintiéndose, tocándose sólo los guantes.

Entonces, Capaneus se adelanta y da un puñetazo, pero Alcidamas le esquiva y Capaneus sólo cansa sus brazos y pierde sus oportunidades. El joven, un luchador hábil, esquiva, se agacha, se inclina hacia atrás y agacha la cabeza para evitar los golpes.

Evita los golpes con los guantes y avanza con los pies manteniendo siempre la cabeza lo más atrás posible. Capaneus es más fuerte y tiene una derecha peligrosa, pero Alcidamas, finta a la derecha e izquierda, le distrae y entonces teniendo su mano derecha sobre el otro, la baja de golpe con fuerza. Le acierta en la frente. Corre la sangre.

Capaneus no se da cuenta de la gravedad de la herida pero oye gritar a la multitud y se queda parado para limpiarse el sudor de la cara con el reverso de su guante. Ve la sangre. Ahora sí que se enfurece y va a por el chico.

Sus golpes van al aire, muchos de ellos sólo golpean los guantes del oponente y el chico se queda lejos de él, yendo hacia atrás pero pegando cuando le es posible.

Capaneus le persigue alrededor de la arena hasta que los dos están demasiado cansados y permanecen cara a cara jadeando.

Entonces Capaneus lanza un embate furioso. Alcidamas le esquiva y le golpea en el hombro. ¡Capaneus se desploma! Cae sobre su cabeza y trata de levantarse pero el chico le vuelve a derribar. De repente, Capaneus se levanta de un salto y va hacia el joven, sacudiendo los puños. El chico cae y Capaneus se agacha sobre él martilleándole la cabeza. El público grita, «¡Salva al pobre chico!» Pero su cráneo está ya partido y Capaneus quiere saltarle los sesos. Los asistentes corren a apartar a Capaneus de su víctima. «¡Ya has ganado!», le dicen. Capaneus brama, «¡Dejadme ir! ¡Le voy a destrozar la cara! ¡Voy a estropearle ese bonito aspecto que le hace tan condenadamente popular entre la gente!» Los asistentes tuvieron que arrastrarle fuera de la arena.

No es sorprendente pues, que el viejo estilo de circo con sus acróbatas, gimnastas y domadores de animales no tuviese nada que hacer ante la competencia de los gladiadores y las carreras de cuadrigas. Fueron cayendo uno tras otro y parecía la muerte dl vodevil. Pero un hombre llamado Ursus Togatus parecía resuelto a no dejarse vencer por un atajo de rufianes y sus caballos. Ursus podía disparar con arco y flecha con sus dedos de los pies mientras hacía el pino, hacer malabarismos con cinco bolas de cristal, y tenía una *trouppe* de osos amaestrados que representaban una obra disfrazados con ropajes. ¡Bonita sosería!, pero él debía haber sido bien parecido en sus tiempos, ya que estaba pintado en jarrones a modo de souvenir del circo. Era alto y con unas piernas y unos brazos desproporcionadamente largos. Parecía un insignificante rechoncho aunque aparentemente era bastante flexible. Tenía un rostro alargado, bien afeitado y parecía un caballo excepcionalmente inteligente.

Ursus era una de las pocas personas del mundo del espectáculo que no se había adaptado a las nuevas tendencias e hizo historia en el circo. Abandonó los malabarismos y, de su *trouppe* de osos, se quedó sólo con un animal, uno realmente temible. Cuando el oso le atacaba, Togatus corría hacia el animal con una pértiga, saltaba sobre él y corría hacia el muro de la arena. Con el oso pisándole los talones, él tenía suficiente ímpetu para trepar por el muro, saltar otra vez sobre el oso y entonces coger corriendo otra vez la pértiga y repetir la actuación. Al público le gustaba la representación, porque siempre existía la posibilidad de que no lo consiguiera.

Otro domador de animales cogió rápidamente la idea. Un hombre que caminaba sobre zancos entre hienas hambrientas. Otro rodaba sobre la arena en una bola

En el llamado Mosaico de Magerius, podemos observar diferentes escenas que ilustran como se desarrollaban los espectáculos con animales.

con rejas de metal mientras tres leones intentaban atraparle. Uno de ellos tuvo mucho éxito sacando un brazo rápidamente por un agujero de la bola, pero otros organizadores lo copiaron. Las *trouppes* de acróbatas de hombres y mujeres aprendieron cómo agarrar a un toro por los cuernos, cuando se estaba arrancando, y tirarlo de espaldas dándole la vuelta. Los romanos apreciaban un buen espectáculo con animales, especialmente si entrañaba peligro, por eso además de los gladiadores siempre había animales en el circo.

Hacia el 50 a.C., las exhibiciones eran bastante crudas, es bien sabido, pero aún estaban bastante bien controladas y a una escala comparativamente modesta respecto a lo que le esperaba. Pero en el 46 a.C., llegó a Roma un general victorioso llamado Julio César con grandes ambiciones políticas. A pesar de sus triunfos, Julio había caído en desgracia tanto en el Senado como con el pueblo. Sospechaban que quería convertirse en un dictador. Cicerón le advirtió, «Tú no eres más que un enano atado a una larga espada. Tienes una armada pero nunca tendrás la aceptación del pueblo».

César sonrió. «Sila, el dictador, intentó someter al pueblo por la fuerza y fracasó. Yo tengo otros planes».

César conocía al populacho de Roma. Él organizó el primero de los juegos grandiosos que llenarían la historia de Roma y mandó reconstruir el Circo Máximo para poder albergarlos. Hubo una cacería de cuatrocientos leones, luchas entre elefantes y la infantería, desfiles nocturnos de elefantes llevando antorchas encendidas con sus trompas, lucha entre toros y tesalianos montados, y las primeras jirafas que se habían visto en Roma (Cleopatra se las mandó como regalo). Sólo las carreras de cuadrigas duraron diez días, desde el amanecer hasta el anochecer. También había combates de gladiadores, no está registrado cúantos hubo, pero los senadores estaban tan horrorizados que promulgaron una ley en la que se limitaba el número de gladiadores que podía poseer cada hombre a trescientas veinte parejas. César podría haber poseído unos dos mil, prácticamente un pequeño ejército. Cuando no estaban luchando en la arena, los utilizaba de guardaespaldas.

La ley que limitaba la propiedad de gladiadores no duró mucho. La gente se volvió loca con aquellos magníficos juegos y ya no les importaba si César se convertía en dictador o no mientras les mantuviese entretenidos. Pero entonces, algunos hombres destacados percibieron el peligro en esos juegos. La gente estaba dispuesta a elegir para un cargo al primero que le ofreciera un buen espectáculo. Un grupo de hombres de buena posición decidió ofrecer al público un entretenimiento más educativo. Contrataron una *trouppe* de actores griegos muy famosos para representar piezas clásicas. En mitad de la representación, un hombre entró corriendo avisando de que los gladiadores estaban luchando en el circo. En diez minutos, los actores griegos estaban actuando para un auditorio vacío. Después de esto, los reformistas renunciaron a todo proyecto.

Aunque César había instituido los juegos como mera herramienta para conseguir popularidad, se le ocurrió una idea. Le dijo a Dolabella, uno de sus consejeros de más confianza, «Esta es una manera perfecta de probar nuestras armas y técnicas de lucha. Nuestras legiones se enfrentan con tribus de todo el mundo. Enfrentemos prisioneros de tribus diferentes, utilizando cada uno sus propias armas».

Esto abrió el camino para una nueva era en los juegos. No sólo combatían algunos gladiadores profesionales sino que tenían lugar verdaderas batallas campales. Bretones tatuados luchaban desde cuadrigas contra tribus enteras de germanos; negros africanos con escudos y arpones atacaban a árabes montados a caballo y armados con arcos y flechas. Los tracianos con cimitarras y escudos pequeños y toscos amarrados a su muñeca izquierda luchaban con los samnitas que iban fuertemente armados. En una ocasión la arena se llenó de árboles imitando a un bosque, y una compañía de legionarios, condenados al circo por cometer diversos delitos, debía desfilar entre los árboles mientras los galos los emboscaban con su técnica habitual y con sus armas. En otra ocasión se entabló una lucha con elefantes de guerra y la caballería acostumbrada a animales de gran tamaño. Mientras, César y sus generales, sentados en el palco imperial, tomaban notas. A los ganadores se les otorgaba la libertad, lo cual aseguraba siempre un buen combate.

A Julio César se le puede llamar «el padre de los juegos» porque bajo su poder pasaron de ser una exhibición ocasional de modestas proporciones a convertirse en una institución nacional. En la época de Augusto, el pueblo veía los juegos no como un lujo sino como un derecho. Bajo la antigua república, los juegos duraban quince días: catorce carreras de cuadrigas, dos carreras

Julio César, considerado el verdadero «padre de los juegos».
Estatua de Nicolas Coustou. Francia, 1658–1733.

de caballos, y cuarenta y ocho representaciones teatrales. Con Claudio (50 d.C.), se celebraban juegos durante noventa y tres días al año. Este número se fue incrementando gradualmente hasta llegar a ciento veintitrés días en los tiempos de Trajano y a doscientos treinta con Marco Aurelio. En realidad se celebraban juegos de un tipo u otro de una forma continuada. En el 248 d.C. el pueblo estuvo en vela durante tres días y tres noches. Augusto y otros muchos emperadores intentaban limitar el número de espectáculos pero siempre se producían levantamientos de la multitud en su contra. A Marco Aurelio le disgustaban los juegos, pero dada su posición oficial, debía asistir, como cuando el presidente de un equipo abre la temporada de béisbol lanzando la primera bola. Solía sentarse en el palco real y dictar cartas a sus secretarios mientras se celebraban los juegos. El populacho nunca se lo perdonó, como no lo haría tampoco una afición moderna si el presidente de su equipo estuviese pendiente de otros temas mientras la portería está vacía y Ronaldo tiene el balón. Marco Aurelio fue uno de los mejores emperadores que ha tenido Roma, pero por culpa de su actitud ante los juegos, fue también uno de los más impopulares.

Claudio, que probablemente estaba loco, era muy popular. Adoraba los juegos y solía hacer esfuerzos por fingir calcular los números de las apuestas con los dedos (aunque era un excelente matemático) tal y como hacía la multitud. También solía saltar a la arena para reprender a los gladiadores por no pelear con la suficiente valentía, interpelaba al público sobre las oportunidades que tenía algún gladiador en particular y hacía chistes verdes. Tanto Calígula como Nerón, probablemente los dos peores gobernantes de la historia, fueron muy añorados por el pueblo, precisamente porque organizaban juegos espléndidos. Nerón, que utilizó cristianos crucificados, a los que prendía fuego después de embadurnarlos de aceite, a modo de antorchas, para iluminar la arena por la noche, fue especialmente querido por el pueblo. Incluso después de que se suicidara, forzado por la guardia pretoriana, la multitud se negaba a creer que hubiese muerto. Durante años estuvieron surgiendo algunos oportunistas que se hacían pasar por el verdadero Nerón, y siempre hubo seguidores que no dejaban de recordar los maravillosos juegos que ofrecía aquel emperador perturbado.

III

La multitud pedía juegos, no sólo cada vez más grandes y mejores, sino también más novedosos, así que el gobierno tenía que proporcionar los espectáculos suficientes, al tiempo que imaginaba nuevos montajes. Posiblemente, los espectáculos más elaborados eran las *naumaquias* o combates navales. Julio César fue quien introdujo estos espectáculos en el año 46 a.C., excavando para la ocasión un lago artificial en el Campo de Marte, en las afueras de Roma. Dieciséis galeras tripuladas por cuatro mil remeros y dos mil soldados lucharon a muerte. Augusto sobrepasó este espectáculo en el año 2 a.C. Construyó un lago permanente para estas luchas al otro lado del río Tíber, de unos 550 metros de largo por 360 metros de ancho. Alrededor del lago se construyeron unas gradas de mármol para los espectadores. Todavía quedan huellas de esta gigantesca construcción. Unas de las batallas navales reunió a dos flotas de doce embarcaciones cada una, con más de tres mil hombres (además de los remeros), que representaron la batalla de Salamina. Los hombres de las distintas flotas iban vestidos como griegos y persas. Más tarde, Tito montó una *naumaquia* en un lago que podía cubrirse con tablas. El primer día, los gladiadores lucharon sobre las tablas. El segundo día, hubo carreras de cuadrigas. El tercer día, se retiró la cubierta de tablas y tuvo lugar un combate naval, entre más de 3.000 hombres.

La *naumaquia* más grande de todos los tiempos fue la que montó Claudio. Como el lago de Augusto era demasiado pequeño, este emperador loco decidió utilizar el lago Fucine (llamado ahora Lago di Fucino), a unos setenta y cinco kilómetros al este de Roma. Este lago no tenía un desagüe natural, así que en primavera a menudo se desbordaba e inundaba varios kilómetros a la redonda. Para resolver este problema, se excavó un túnel de ocho kilómetros a través de sólida roca, desde el lago hasta el río Litis, para conducir el exceso de agua. Esta obra duró once años y trabajaron en ella treinta mil hombres. Para celebrar la apertura del túnel, Claudio decidió organizar una lucha entre dos flotas en el lago. Las galeras que se solían utilizar en estos espectáculos eran pequeñas, con sólo un banco de remos. Para este combate naval se dispusieron veinticuatro trirremes (con tres bancos de remos), los barcos de guerra reglamentarios, y veintiséis birremes (de doble banco). Esta armada se dividió en dos flotas de veinticinco naves cada una, tripuladas por mil novecientos criminales, al mando de dos famosos gladiadores. Una flota representaba a los hombres de Rodas y la otra a los sicilianos, y cada grupo iba ataviado con las ropas adecuadas.

Casi dos mil hombres desesperados y bien armados podían ser una fuerza muy peligrosa si decidían ponerse de acuerdo y atacar a la multitud, así que el lago se rodeó con soldados fuertemente armados. Además, se colocaron en balsas varias compañías equipadas con catapultas, de manera que se pudieran hundir los barcos en caso necesario. Las colinas alrededor del lago formaban un anfiteatro natural y, la mañana de la batalla, las laderas estaban cubiertas por más de 500.000 espectadores. Como el lago estaba a varias horas de viaje desde Roma, el público se había llevado la comida para tomarla mientras contemplaban la lucha.

Afortunadamente, parecía que iba a hacer un buen día. Como el lago tenía cerca de 300 kilómetros cuadrados de superficie, la lucha se restringió a la parte suroeste y se colocaron las balsas juntas para formar un semicírculo que marcara los límites de las maniobras. El emperador Claudio estaba en un estrado especialmente preparado, vestido con una soberbia armadura dorada, con una capa púrpura, mientras la reina madre, Agripina, con un manto de hilo de oro, se sentó a su lado. Además de la infantería que rodeaba el lago, también había un destacamento de caballería, montado en corceles sicilianos, alineados detrás de la familia real. Para controlar al populacho, las laderas habían sido divididas en sectores, cada uno de ellos al cuidado de un magistrado. Para atender a los heridos después de la batalla, se montó una gran tienda de campaña ya que, después de todo, los prisioneros eran escasos y los supervivientes siempre podían utilizarse para otros espectáculos. Pero las cosas se desarrollaron de una manera distinta y la tienda se utilizó para otros propósitos: durante la batalla, quince mujeres del público dieron a luz y hubo que atenderlas en ella. Es un ejemplo muy revelador de la pasión del populacho por estas batallas el que unas mujeres en un avanzado estado de gestación viajaran setenta y cinco kilómetros desde Roma para no perderse la *naumaquia*.

La señal para que se iniciara el ataque la dio un tritón de plata que emergió del lago y que sopló en una concha de oro. Debió costar fabricar este artilugio mecánico, pero esto no era nada comparado con lo que los romanos eran capaces de inventar. Si hubieran dedicado la misma cantidad de tiempo y esfuerzo en mejorar su armamento, Roma nunca hubiera caído. A la señal dada por el tritón, las dos flotas se acercaron al estrado imperial: los tambores tronaban, sonaban las trompetas y las tripulaciones saludaban con sus armas.

Recreación del siglo XVI en la que, de una forma un tanto fantástica, se recrea una naumaquia en un anfiteatro. El artista ha puesto demasiadas naves.

Los trirremes tenían unos treinta metros de largo y un espolón o ariete de hierro en la proa. Allí se levantaba también una gran viga con un gancho en una punta, mientras que la otra punta estaba unida a la cubierta por una gruesa bisagra. Este artilugio era el *corvus* o «cuervo». Cuando el *corvus* se arrojaba sobre otra galera, el gancho se hundía en la madera y las dos embarcaciones quedaban enganchadas. Se utilizaba entonces como plancha para el abordaje. Los barcos llevaban una única vela cuadrada que sólo era eficaz si había viento de popa. Julio César describe lo que le sorprendieron las ceñidas de los barcos venecianos, pero por alguna razón nunca se les ocurrió a los romanos que esta maniobra pudiera ser útil en un barco de guerra y nunca cambiaron el aparejo de sus galeras.

Como resultado, las galeras dependían casi por completo de los remeros. Los remeros no estaban en la bodega de las galeras, sino sentados en una especie de superestructura que se proyectaba sobre los lados de las embarcaciones. Esto era para que se consiguiera más palanca con los remos, ya que mover uno de esos grandes barcos incluso con cincuenta remeros debía ser un trabajo bastante duro. Había un hombre por cada remo y se sentaban a diferentes niveles, de manera que las palas de los remos no chocaran unas con otras. En la popa se colocaba un hombre que marcaba el ritmo con un tambor y había también dos capataces con látigos que paseaban por la plataforma para asegurarse de que todo el mundo hacía su trabajo lo mejor posible. Los barcos eran largos y estrechos para ser más rápidos, y aunque eran muy poco aptos para navegar en el mar, eran ideales para una batalla en un lago. En realidad, eran idénticos a las galeras griegas de hacía mil años. Todo lo que los romanos habían añadido (a excepción del *corvus*) eran los cabos de los pies para que los remeros no abandonaran sus puestos y los obenques para que se pudiera trepar al mástil. Los griegos utilizaban una escalera.

Las flotas combinadas pasaban revista, y cuando se encontraban a la distancia suficiente del estrado imperial para ser oídas, las tripulaciones daban el grito tradicional de «¡Ave, César, los que van a morir te saludan!». Claudio contestó alegremente, «Eso depende de vosotros, amigos míos», dando a entender que los que lucharan bien no serían ejecutados. Sin embargo, las tripulaciones gritaron, «¡Buen César! Si depende de nosotros, preferiríamos no luchar». Luego, las dos flotas navegaron juntas, felicitándose unos a otros.

El populacho empezó a protestar y Claudio, saltando del trono, corrió hasta la orilla, gritando insultos a las tripulaciones y jurando que ordenaría a los soldados que incendiaran los barcos y los quemaran vivos si no luchaban. Claudio estaba impedido, debido posiblemente a la polio, y también estaba un poco mal de la cabeza.

Solía tener raptos de locura y este fue uno de esos casos. La multitud se desternillaba de risa de sus payasadas, pero finalmente, las tripulaciones hicieron caso, se dividieron en dos flotas y se prepararon para la batalla. Agripina acompañó al emperador a su trono, y Claudio, viendo que el público se reía, empezó a reírse también de forma histérica.

Cuando la familia real consiguió que Claudio se calmara, éste dio la señal para que empezara la lucha, dejando caer su pañuelo. Las trompetas de guerra de las dos flotas empezaron a sonar y las galeras comenzaron a moverse, con los tambores que marcaban el ritmo de los remeros a la máxima cadencia, ya que era de vital importancia que los barcos tuvieran el mayor impulso posible cuando se encontraran.

En la lucha entre galeras, los que primero se intentaba era embestirse con los arietes de hierro de la proa. Si la maniobra tenía éxito, la galera arieteada se hundía a los pocos minutos y no se necesitaba hacer nada más. Si la maniobra fracasaba, entonces se intentaba pasar por encima de los remos del enemigo. Como los remos se forzaban hacia atrás, los mangos aplastaban a los remeros contra los bancos y la galera, que no podía maniobrar, era arieteada a placer. Si esta maniobra también fallaba, ya no quedaba nada más que hacer y había que intentar el abordaje con el *corvus* y empezar la lucha cuerpo a cuerpo.

En la primera arremetida, se hundieron nueve de las galeras de Rodas y tres de las sicilianas. Muchas de las galeras rodenses habían perdido más de un banco de remeros y no podían maniobrar. Se las arreglaron para replegarse en uno de los extremos del lago y la flota siciliana las rodeó y atacó al abordaje. La lucha, que había comenzado a las diez de la mañana, continuó hasta las tres de la tarde. Los trirremes sicilianos opusieron una resistencia desesperada. Tácito cuenta: «La batalla, aunque era entre malhechores, se desarrolló con el espíritu de los hombre valientes». Sin embargo, varias de las galeras sicilianas de un solo banco de remeros intentaron quedarse fuera de la lucha. Al final, «cuando la superficie del lago estaba teñida de sangre,» el último de los barcos sicilianos se rindió. Habían muerto tres mil hombres. La lucha había sido tan excitante que Claudio perdonó a los supervivientes de ambos bandos, excepto a las tripulaciones de tres galeras de Rodas que habían sido arieteadas, ya que pensó que no habían entrado en la lucha a suficiente velocidad, y las de las seis galeras sicilianas de un banco de remeros, que habían evitado la lucha.

El espectáculo tuvo tanto éxito que cuatro meses más tarde, Claudio preparó otro montaje. Como estaba falto de prisioneros (todas las cárceles de Roma se vaciaban para formar nuevas tripulaciones para las galeras) tuvo que contentarse con una producción menos elaborada. Esta vez se trataba de un puente de pontones que se colocaron atravesando el lago, ensanchándose en el centro para formar una plataforma de varios cientos de metros cuadrados. Se formaron dos ejércitos de cerca de cinco mil hombres cada uno, compuesto por prisioneros de guerra, delincuentes habituales y esclavos. Unos se disfrazaron de etruscos y los otros de samnitas. Cada bando tenía las armas correspondientes. Las armas etruscas tuvieron que fabricarse especialmente para este espectáculo, ya que los etruscos habían dejado de existir como nación hacía trescientos años. Sin embargo se habían encontrado algunas hachas de guerra con dos cabezas y algunas lanzas de bronce de tiempos de los etruscos, que fueron cuidadosamente replicadas por los herreros romanos.

Mientras las bandas de música tocaban, los dos ejércitos marcharon sobre el puente de pontones, cada uno desde un extremo del lago, para encontrarse en el centro. Claudio había dado órdenes de que no se permitiera a nadie ganar la orilla a nado. Si se caían de la plataforma podían ahogarse o volver a subir. Al principio, parecía que los samnitas iban a ganar la batalla, haciendo retroceder a los etruscos y manteniéndose en la plataforma central del puente.

Pero los etruscos se reagruparon y, por último, consiguieron arrojar a los samnitas de la plataforma. A todos los etruscos supervivientes y a unos cuantos samnitas que se habían defendido con valor, se les concedió la libertad.

IV

Probablemente en el primer siglo de la era cristiana se llegó al culmen de las celebraciones de los juegos. La grandiosidad y abundancia de espectáculos era tal que parecía imposible que se pudiera superar. El dictador Sila (93 a.C.) había exhibido 100 leones en la arena. Julio César 400. Pompeyo 600 leones, 20 elefantes y 410 leopardos que luchaban con gétulos armados con dardos. Augusto en el 10 d.C. exhibió al primer tigre que se había visto en Roma y también presentó a 3.500 elefantes. Presumía que habían muerto 10.000 hombres en ocho espectáculos. Después de la victoria de Trajano sobre los dacios, celebró unos juegos en los que mataron a 11.000 animales en la arena. El coste de los juegos también se incrementaba constantemente. En el 364 a.C., el coste total de los juegos fue de 8.900 euros. En el 51 d.C., el coste se elevó a 77.100 euros*. Esta fue la suma que pagó el emperador, no se conserva la suma de lo que pagaron los orga-

---

* He calculado que el sestercio romano tenía un valor adquisitivo equivalente a unos 20 céntimos de Euro.

nizadores privados o los políticos, pero Petronio habla de un magistrado que estaba preparando unos juegos de tres días de duración, con el propósito de conservar su cargo, cuyo coste ascendía a 17.000 euros.

Los edificios destinados a albergar estos espectáculos nunca han sido superados ni en el tamaño, ni en la perfección funcional del diseño. La mayor y más antigua de estas vastas estructuras fue el Circo Máximo. Aunque ya he descrito cómo era la arena, no he hablado aún del edificio en sí. Se construyó en el Vallis Murcia, un extenso valle entre el monte Palatino y el Aventino, que se utilizó en la remota antigüedad para las carreras de cuadrigas. Con el tiempo, aparecieron las gradas de madera para la audiencia, que se colocaban en las laderas de las montañas y se podían desmontar después de las carreras. Las primeras gradas permanentes se colocaron en el 329 a.C. junto con compartimentos para los carros. Sólo la primera fila de asientos era de piedra, el resto continuaba siendo de madera. Por esa razón el estadio se quemó en varias ocasiones, una de ellas cuando Nerón incendió Roma. Después de cada incendio, se reconstruía con más esplendor aún. Julio César lo amplió tanto que algunos historiadores datan al Circo Máximo a partir de entonces. César colocó un foso de 3 metros para proteger a los asistentes de las bestias salvajes de la arena. Se desvió el curso de un riachuelo desde las montañas para que alimentase el foso y aún hoy corre cerca de la Via di Cerchi. Se le adjudica a Augusto la finalización del circo, aunque algunos emperadores posteriores continuaron agrandándolo. Claudio reemplazó la madera de los compartimentos para los carros por mármol y los conos se hicieron de bronce dorado. En la época de Antonino Pío, las gradas estaban tan abarrotadas que las filas superiores de madera se rompieron y murieron 1.112 personas. A raíz de esta tragedia, se reconstruyó completamente el estadio, esta vez se hizo todo de piedra. Trajano recubrió todo el edificio de mármol, por dentro y por fuera, adornado con ribetes dorados y pinturas. También añadió columnas de mármol oriental de colores y estatuas de mármol y bronce dorado. Al final el Circo Máximo llegó a medir 600 metros de largo por 200 metros de ancho y podía albergar 385.000 personas, un cuarto de la población de Roma.

Constantino mejoró el circo con tres filas más de asientos de mármol que se apoyaban sobre arcos de hormigón. Dichos arcos aún se conservan y forman parte de los cimientos de la iglesia de Santa Anastasia. Tenían 21 metros de grosor para poder soportar el enorme peso de las gradas. El circo siguió en pie durante la Edad Media, aunque se utilizó como una vasta cantera, y muchas de las primeras iglesias que se construyeron en Roma están hechas con la piedra procedente de allí. Se conservó hasta el final del siglo XVI, pero hoy sólo podemos apreciar el espacio que ocupaba y algunos asientos.

El Coliseo, comenzado por el emperador Vespasiano en el 70 d.C. y terminado por su hijo Tito diez años después, era el anfiteatro mejor equipado que los romanos o cualquier otro pueblo hubiesen construido nunca. Como Vespasiano y Tito eran miembros de la familia de los flavios, los romanos lo conocían como el «anfiteatro flavio» y no cambió su nombre por el de Coliseo (por sus enormes dimensiones) hasta la Edad Media. A diferencia del Circo Máximo (que estaba abierto por un extremo), el Coliseo formaba una elipse cerrada. Medía 180 por 150 metros y sólo la arena tenía 85 por 55 metros. Ocupaba veinticuatro mil metros cuadrados. Los arqueólogos creen que podían asistir 50.000 espectadores aunque los romanos afirman que eran 100.000 personas las que veían el espectáculo, contando con los que se apiñaban en los pasillos (El Madison Square Garden de Nueva York puede albergar a 18.903). En un principio, sus paredes tenían 50 metros de altura y al final de ellas se colocaban asientos de madera a modo de tribuna abierta. La arena podía llenarse de agua para celebrar combates marinos. Estaba equipado

Un pasadizo del Coliseo, donde estuvieron los montacargas para subir a los animales a luchar en la arena.

con un sistema de ascensores, que subían y bajaban gracias a un sistema de contrapesos y poleas, que elevaban a las bestias en jaulas desde el subsuelo hasta la arena en el momento preciso. Incluso hoy en día, aún habiendo desaparecido las dos terceras partes del edificio, todavía nos queda una de las más impresionantes estructuras que se ha construido en el mundo.

El edificio tiene ochenta entradas; setenta y seis utilizadas por el público en general, una reservada al emperador y otra para las vírgenes vestales y los sacerdotes principales encargados de mantener la llama sagrada siempre encendida. Las otras dos puertas daban directamente a la arena. Una era la Puerta de la Vida por la que pasaba el desfile que daba al espectáculo. La otra era la Puerta de la Muerte, por la que se arrastraban los cadáveres de los hombres y animales para dejar libre la arena para la próxima actuación.

Se distribuían entradas de marfil para el espectáculo, cada una con un número de asiento, fila y número de entrada. Bajo las gradas descansaba un elaborado sistema de pasadizos y rampas preparado para que al entrar al edificio se pudiese llegar sin problemas directamente al asiento asignado. Las gradas estaban divididas horizontalmente por pasillos (*praecinctiones*) y verticalmente por escaleras (*cunei*). Los asientos eran de mármol, numerados y con líneas marcadas sobre ellos, que delimitaban el espacio de cada uno. En las paredes de las entradas había gráficos de mármol marcando la situación de los asientos. Uno de ellos permanece en el Museo Capitolino de Roma. Había cuatro filas de asientos, las tres inferiores daban al exterior por una serie de arcos que dejaban pasar el aire y la luz hacia los corredores. En la actualidad, la fila superior prácticamente ha desaparecido. Los arcos de la fila del nivel inferior se utilizaban como entradas. Los arcos de las dos filas siguientes albergaban estatuas de dioses, a excepción de los arcos que marcaban las dos entradas principales que eran mayores que el resto y sostenían las representaciones a tamaño real de un carro con cuatro caballos y el auriga que los guiaba. Cada una de las tres primeras filas tenía columnas diferentes y la fila superior presentaba un sólido trabajo de mampostería con cuarenta pequeñas ventanas flanqueadas por columnas ornamentales colocadas entre los mampuestos.

Una complicada trama de sumideros desaguaba la sangre y los desperdicios de la arena y de las jaulas de animales que estaban debajo. Era un sistema de pequeños sumideros que llegaban de todas las partes del edificio hasta un enorme desagüe circular que rodeaba al Coliseo. Este desagüe, a la vez, comunicaba con la *Cloaca Maxima*, el sistema de alcantarillado principal de la ciudad.

Bajo la arena corría una pared de mármol liso de aproximadamente cuatro metros de altura construida con bloques cuidadosamente unidos para que ningún animal pudiese trepar por ella. Justo encima de esta pared estaba el podio, un área plana de aproximadamente cuatro metros de anchura donde el emperador tenía su palco y donde se sentaba la nobleza, compuesta por senadores, équites y los tribunos civiles y militares. Aparentemente no había asientos permanentes en el podio. Como en los palcos modernos, los asientos (llamados *curule)* no eran numerados y los ocupantes podían levantarse y pasear a su antojo. El podio estaba separado de la primera fila de asientos por un murete. En esta primera fila tomaban asiento los mercaderes ricos y oficiales de menor rango. A partir de ahí los asientos estaban ocupados por el pueblo.

Como un leopardo puede llegar a saltar hasta cuatro metros y un tigre seis, el murete del podio obviamente no era lo suficientemente alto como para proteger a los espectadores. Sin embargo, había colmillos de elefante de un metro y medio de largo que se colocaban al borde del podio y se colocaban unas redes entre ellos de manera que colgaran sobre la arena. Además, una barra de bronce corría a lo largo del borde del murete y podía girar sobre sí misma, por lo que si un animal conseguía saltar lo suficiente para agarrarse a la barra, éste giraba y le haría caer de nuevo a la arena. También había un foso como en el Circo Máximo. El foso servía principalmente para frenar la fuerza de los elefantes cuando cargaban para atacar. Sin aquella protección, los elefantes podían alcanzar tranquilamente a la nobleza en el podio, como se descubrió cuando Pompeyo exhibió por primera vez a los elefantes en el Circo Máximo en el 55 a.C., antes de que Julio César hubiese excavado el foso. Se habían colocado rejillas de hierro como protección, pero los elefantes las derribaron y sólo el rápido juego de piernas del emperador y sus amigos consiguió salvar sus vidas.

Estas precauciones pueden parecer suficientes, pero la mayoría de los entendidos piensan que también había una pared interior de tablones gruesos de madera colocada alrededor de la arena aproximadamente a tres metros de la pared del podio, y que el foso corría entre la barrera interior y la parte central de la arena. Hay muchas razones para creer en la existencia de esta pared interior. El Coliseo era tan grande que debía haber una manera de mantener a los animales en medio de la arena y alejados de la pared del podio, de lo contrario el público de las dos filas de asientos siguientes no hubiese podido ver nada porque el borde del podio les habría tapado la visión. El instinto natural de un animal salvaje, que se encontraba perdido en la arena, tan iluminada, tan llena de gente gritando, era pegarse a la pared, y algunas referencias aisladas de escritores romanos demuestran que los animales del Coliseo a menudo hacían eso exactamente. Eran apartados de la pared por esclavos que utilizaban hierros calientes o pajas encendidas, pero no hay aberturas en la pared del podio por donde los esclavos pudieran haber alcanzado a los animales. Hay también muchas referencias sobre los efectos escénicos preparados que servían de telón de fondo para los espectáculos; los animales saliendo de cuevas artificiales, gladiadores luchando ante una pintura que representa la antigua Cartago, etcétera. Es difícil imaginar cómo podrían levantarse y bajarse estos escenarios si se colgaban de la pared del podio, especialmente porque los cambios, a menudo, se hacían con la arena llena de animales salvajes y está claro que a los esclavos no les estaba permitido permanecer en el podio junto a los espectadores nobles.

Todos estos hechos sugieren que debía existir una pared interior, probablemente hecha de tablones gruesos sujeta por una serie de postes al suelo de la arena. Los colmillos de los elefantes de los que colgaban las redes debían estar sujetos a esos postes y no a la pared misma del podio. Esta pared interior podría estar pintada, o tener colgadas lonas decoradas, que representaban cualquier tipo de escena. Quizá no fuese siempre una valla de madera, podría ser también de piedras artificiales hechas

Estado actual del Coliseo, que permite ver su estructura
original.

de yeso y madera torneada, troncos de árboles que representaban un bosque o cualquier otro tipo de material que
los diseñadores del escenario del Coliseo decidiesen
utilizar. Los esclavos que cambiaban los escenarios
operarían desde el espacio situado entre la pared del podio
y la barrera interior. Ésta se uniría con la pared del
podio en la Puerta de la Vida y la de la Muerte. Las redes
colgadas no se podrían utilizar en estos dos lugares, pero
Calpurnio afirma que se colocaban algunas ruedas de
marfil girando en esos puntos peligrosos de la pared del
podio por los que los animales hubieran podido trepar.

Como remate final, colocaban unos mástiles de gran
altura en la arena, para soportar el gran toldo que cubría
toda la superficie del Coliseo, para proteger a la audiencia
del sol y la lluvia, y que debía estar sostenido en el centro
de alguna manera. Sabemos que rodeando todo el borde
superior del Coliseo se colocaban en círculo 240 mástiles
(los huecos donde iban clavados aún pueden verse) y
estos mástiles sostenían el borde del toldo. Sin embargo,
a menos que los romanos tuviesen un método ingenioso

para mantener tenso dicho toldo, debía haber también mástiles en el centro de la arena que pudiesen aguantar el peso de la gran masa por el centro. Incluso existían pasarelas de madera que recorrían bajo ese toldo la parte superior del Coliseo, como en los modernos musicales de Hollywood, que, según cuentan los escritores clásicos, albergaban a jovencillos desnudos que llevaban atadas unas alas, a modo de cupidos, que se balanceaban de un lado a otro cruzando la arena, colgados de alambres invisibles haciendo que volaban. En ocasiones, se colgaban grandes animales de alambres invisibles (en una ocasión un toro), del gran toldo (pintado para la ocasión imitando al cielo) para ilustrar algún episodio mitológico. Para que fueran posibles estas escenas peligrosas, debían colocar plataformas en la parte superior del edificio equipadas con contrapesos y poleas y dotadas de espacio para instalar a los tramoyistas especializados. A pesar de la complicación de los milagros mecánicos que estos hombres debían realizar, rara vez surgían problemas durante la representación. Si se producía algún fallo técnico, los tramoyistas eran arrojados a la arena para ser devorados por las bestias o asesinados por los gladiadores.

Los juegos se desarrollaban dentro de un programa muy ajustado y debía suceder algo a cada minuto o de lo contrario el público se impacientaba. Cualquiera que tenga alguna relación con el circo moderno sabe qué terrible problema significa encajar cada actuación dentro de un programa de tiempo, especialmente las actuaciones con animales. Los romanos trabajaban con animales salvajes y criminales condenados, por lo que se enfrentaban a problemas realmente complicados. Trabajaban a gran escala, ya que los juegos, a menudo, duraban un par de meses, y a veces se juntaban cinco mil animales en la arena a un mismo tiempo. Debía resultar un trabajo ímprobo sacar a esa enorme cantidad de animales de sus jaulas.

Podemos hacernos una idea aproximada de cómo lo hacían los romanos, simplemente observando el laberinto de pasadizos bajo la arena. Los romanos utilizaban al menos cuatro sistemas. Las jaulas podían arrastrarse hasta la arena por una serie de rampas y después se colocaban en nichos bajo la pared del podio. Cuando se daba la señal, todas las puertas se abrían simultáneamente y al mismo tiempo los esclavos echaban pajas encendidas en la parte trasera de las jaulas a través de unas ranuras en el techo abiertas para ese propósito. Si existía la pared interior, los animales llegarían a ella a través de corredores, como los leones de los circos actuales entran en sus grandes jaulas. O quizá las jaulas se mantenían en los nichos del podio para que estuviesen preparadas en el momento preciso. Tan pronto como terminasen los actos previos, carreras de cuadrigas, gladiadores o lo que fuese, las jaulas se sacaban de los nichos de la pared del podio, se arrastraban hasta las aberturas de la barrera interior y una vez allí se abrían.

Otro método, probablemente utilizado con animales menos peligrosos que los grandes felinos, consistía en dejarlos sueltos por los corredores que llevaban a la arena y entonces forzarles a salir con una barrera móvil de madera que se ajustaba a lo largo del pasillo. La barrera se fijaba a los agujeros de las paredes con cierres que se enganchaban para que no se volviese a mover. Todavía hoy se pueden apreciar estos agujeros.

Aún se utilizaba un método más y eran los ascensores que elevaban a los animales directamente hasta la arena. Había un cierto número de ascensores colocados en varios puntos de la arena como sucede con las trampillas de los escenarios modernos. Los ascensores se situaban en un hueco profundo, en el que se instalaba a los animales y entonces la plataforma se elevaba hasta el nivel de la arena gracias a un sistema de poleas. En algunas ocasiones, se utilizaban jaulas desmontables que se desmoronaban cuando se les quitaban ciertas clavijas. Estas jaulas se llevaban a la arena, se tiraba de las clavijas, y los animales quedaban sueltos cuando

Capriccio con il Colosseo, en la visión del pintor del
siglo XVII B. Belloto. Galería Nacional de Parma.

caían las paredes al suelo. Los romanos también tenían
jaulas con el mismo mecanismo utilizado en los pasadizos de los rodeos; esto es, se fijan dos lados que se
pueden elevar, paralelos entre sí, en ambos extremos,
que encajonan al animal y lo enfilan hacia la salida,
para dejarlo suelto. Todos estos recursos resultaban
imprescindibles ya que, en condiciones normales, es

casi imposible convencer a un animal asustado a que abandone su jaula.

Además de los problemas que conlleva el manejo de los animales, la arena a lo largo de un día de espectáculo podía ser inundada para los combates navales o poblada de árboles para representar un bosque. Después podía surgir una montaña artificial con sus arroyuelos, arbustos, y flores brotando, que debía desaparecer rápidamente para las carreras de cuadrigas e inmediatamente después representar la gigantesca batalla del ataque de Aníbal a Roma, incluyendo elefantes y catapultas, además del decorado de una ciudad defendida por legionarios condenados. Se debieron emplear miles de esclavos en estos grandiosos eventos y cada uno de ellos debía estar entrenado para llevar una sincronización perfecta. Los marineros de la flota eran los encargados de subir y bajar el gran toldo, ya que eran los únicos que tenían el suficiente entrenamiento para manejar una pieza de tela tan grande. Todavía hoy, se pueden apreciar las marcas que dejaban las cuerdas de la lona al rozar en las paredes de piedra.

V

En la época en que se construyó el Coliseo, los espectáculos con animales eran una parte importante de los juegos. Las bestias salvajes siempre habían aparecido en los juegos, desde sus días más tempranos, ya fuera en números con animales amaestrados o en cacerías en las que ciervos, cabras salvajes y antílopes se soltaban en la arena y morían a manos de cazadores expertos. Más tarde, se soltaron animales peligrosos, como leones, leopardos, jabalíes y tigres, para que los mataran los gladiadores. En tiempos de Augusto, un bandido llamado Selurus fue arrojado a una jaula de animales salvajes y, desde entonces, la ejecución de condenados arrojándolos a las fieras se convirtió en una parte de los juegos. Los animales salvajes se utilizaron de formas tan elaboradas e ingeniosas (que eran particularmente populares entre el populacho, mientras que las clases superiores preferían los combates de gladiadores) que se creó una clase especial de trabajadores, los *bestiarios*, que se encargaban de los números con animales. Estos hombres tenían sus propias escuelas, como los gladiadores, y tenían sus propias costumbres, una jerga profesional y su propio uniforme.

Uno de estos bestiarios se llamó Carpophorus. Sabemos de él porque el poeta Marcial escribió con entusiasmo, «Carpophorus podría haber manejado a la hidra, la quimera y al toro de Creta al mismo tiempo». Esto es todo lo que sabemos de Carpophorus. Vamos a describir ahora cómo sería uno de los mejores bestiarios durante el reinado del emperador Domiciano, poco después de la construcción de Coliseo. Y vamos a llamar a nuestro héroe Carpophorus por comodidad.

Supondremos que Carpophorus era un hombre libre. Era hijo de esclavos liberados que habían muerto, dejando a su hijo en la indigencia. Cuando sus padres fueron liberados, el niño también lo fue, pero, como hijo de exesclavos, era mirado con desprecio por el populacho romano. Debido a este prejuicio, encontrar trabajo era aún más difícil para él que para la mayoría de la gente de la época, y, desde muy temprana edad, el chico tuvo que andar rondando el Circo Máximo, el Circo Flaminio, el Circo de Nerón y todos los demás circos, grandes y pequeños, de Roma, incluyendo los espectáculos itinerantes que actuaban donde encontraran sitios y ofrecían luchas de gladiadores ya acabados y leones apolillados. El pequeño Carpophorus llevaba agua para los elefantes, limpiaba las jaulas, pulía las armaduras de los gladiadores y hacía los recados por unas cuantas monedas de cobre y la comida.

Por la noche dormía bajo los arcos del Circo Máximo. Había cientos de estos arcos, que soportaban las hileras de sitios y formaban un laberinto de pasadizos interconectados, agujeros y rendijas por donde sólo un niño podía arrastrarse. Carpophuros aprendió a orientarse por todo este laberinto a ciegas. Este mundo «bajo las gradas» estaba habitado por echadores de fortuna, astrólogos, vendedores de fruta y *souvenirs*, vendedores de salchichas y de carne picada y prostitutas. Toda esta gente formaba una especie de hermandad muy unida que vivía de las personas que acudían a los espectáculos. Cuando la gente se aburría en las gradas, dejaba su sitio y bajaba a este mundo subterráneo donde podían comprar platos especiales, conseguir un pellejo de vino, ver danzas obscenas de las mujeres sirias y árabes, bailando al son de los tambores, címbalos y castañuelas, o contratar los servicios de alguno de los niños, muy pintados, que iban vestidos con un blusón remangado por encima de las nalgas.

Carpophorus creció en este mundo. Aunque durante una época soñó con convertirse en un gladiador famoso o en un auriga, su verdadero talento estaba relacionado con los animales. Recogió a un par de perros vagabundos en la calle y los enseñó a bailar sobre las patas traseras, a caminar sobre la cuerda floja, a aullar tristemente cuando les preguntaba: «¿Qué opináis de los equipos Rojos, Blancos y Azules?», y a ladrar con entusiasmo cuando preguntaba: «¿Qué opináis del equipo de los Verdes?». Esto, por supuesto, si el espectador llevaba una flor o un pañuelo verdes. Como los perros obedecían a una señal de la mano, más que a las palabras, podían ladrar o gemir cualesquiera que fueran los colores.

El muchacho no se hacía muchas ilusiones sobre su trabajo, sobre el populacho ni sobre el emperador. En una ocasión, llevó pan y vino a unos carpinteros que trabajaban en una galera magnífica, construida de manera tan inteligente que luego, quitando una sola pieza, el barco completo se reducía en pedazos. Se suponía que la galera era para uno de los espectáculos, de hecho, una galera de este tipo se había utilizado unas semanas antes y el emperador Nerón se había interesado mucho por ella. Pero cuando se terminó esta galera en concreto se llevó al puerto de Baiae. Un mes más tarde se supo que la reina madre, Agripina, había sido obsequiada por su devoto hijo, el emperador, con una nueva galera, que se había hundido luego, inesperadamente, en el medio de la bahía. Algunos de los carpinteros que hablaron del tema fueron condenados a la arena. Carpophuros conservó la boca cerrada, pero este incidente confirmó al chico en la creencia de que el mundo entero era como el circo, un lugar sin justicia ni misericordia, donde sólo los más listos y los más duros podían sobrevivir.

Con los años, Carpophuros consiguió trabajo como ayudante de alguno de los *bestiarios* del circo y aprendió sus técnicas para manejar a los animales salvajes más peligrosos. Una vez, cuando un *bestiario* intentaba sacar de la arena a un oso, utilizando una especie de látigo de nueve colas que llevaba bolas de plomo en las puntas, el oso se había revuelto y había agarrado al hombre por el hombro. El joven Carpophorus saltó a la arena con un puñado de paja ardiendo que le quitó a un esclavo e hizo retroceder al oso. Llegaron rumores de esta hazaña a uno de los instructores de la Escuela de Bestiarios y éste hablo con el chico. Llegaron al acuerdo de que Carpophorus iría a la escuela si el chico se convertía en su esclavo durante los diez años siguientes. Carpophuros aceptó la oferta y se convirtió de esta manera en *auctorati* (tutelado). Pasó dos años en la escuela, aprendiendo cómo manejar animales de todos los tamaños, desde los zorros hasta los elefantes.

Aunque todo el mundo en la escuela admiraba la asombrosa habilidad del joven con los animales, Carpophuros era muy impopular y ni siquiera el más visionario de los instructores imaginó nunca que ese muchacho callado y huraño llegaría a ser algún día el mejor bestiario de Roma. El muchacho era bajo, moreno, de fuerte constitución y si bien no realmente desgarbado, al menos no era grácil en sus movimientos. Se suponía que un buen bestiario debía ser ágil y esbelto, como un torero en la actualidad. El muchacho tampoco era una persona sociable. Los primeros años de su vida le habían convertido en una persona desconfiada con respecto a los demás hombres, lo que era una de las razones por las que se había vuelto hacia los animales con tanta

Bestiarios dirigiendo el combate entre un oso y un toro en el mosaico de Zliten. Museo Arqueológico, Trípoli.

pasión, y miraba a los demás estudiantes por encima del hombro. Además, Carpophorus los tenía por un grupo de aficionados. La mayor parte de ellos nunca había estado en la arena con un animal salvaje antes de venir a la escuela, mientras que Carpophuros había estado con fieras salvajes desde que era un niño. Tampoco esperaba mucho de los instructores, que pensaban que una yegua podía concebir si el viento del sur soplaba bajo su cola. Carpophorus sabía un poco más que todo esto.

El muchacho pasó los cursos habituales de la escuela y aprendió muchas cosas que su educación autodidacta como muchacho encargado de las jaulas no le había enseñado. Como en el caso de los gladiadores, había muchos tipos de *bestiarios*: unos se especializaban en mantenerse por delante de las bestias corriendo, otros se especializaban en esquivarlos; había toreros, domadores de leones, pertiguistas, etcétera. Carpophuros, por su gran fuerza y su brutal técnica, se hizo *venator* (cazador). Aprendió a luchar con los animales sin armas, estrangulándolos o rompiéndoles el cuello. Aprendió a cegar a una leona, arrojándole una capa sobre la cabeza y luego, romperle la espalda golpeándole el lomo con el canto de la mano. (Al menos, los escritores romanos decían que un *bestiario* podía hacer esto, que debía ser bastante espectacular). También luchaba con osos, con un velo en una mano para distraer al animal y una espada en la otra.

Para aprender a esquivar, el joven tuvo que luchar contra un leopardo, atado a un toro mediante una cuerda larga. Como el toro se podía mover, al igual que el leopardo, este trabajo era mucho más difícil que si el leopardo hubiera estado simplemente atado a una estaca, pero mucho más fácil que si hubiera estado libre. Otro *bestiario* con un arpón se colocaba detrás de los animales, incitándoles. Carpophorus también fue arrojado a dos fieras salvajes al mismo tiempo, como por ejemplo, a un león y un leopardo, y tuvo que aprender a esquivarlos. A veces se le forzaba a permanecer tumbado en el suelo, mientras se le arrojaba un jabalí o un toro. Carpophorus aprendió a ponerse en pie de un salto en el último instante para escapar de la embestida. También aprendió a enfurecer a los animales salvajes, permitiéndoles que casi le alcanzaran para, en el último momento, saltar sobre una valla o al otro lado de una cerca de madera (como en las corridas de toros actuales). El propósito de esta maniobra era enfurecer tanto a los animales que luego atacarían encantados a los criminales condenados que se les arrojaba.

Naturalmente, muy pronto Carpophorus estuvo cubierto de cicatrices, pero, como todos los *bestiarios*, estaba tan orgulloso de ellas como un soldado de sus medallas, considerándolas un distintivo de su profesión. Se podía señalar cualquiera de ellas que Carpophuros sabía cuándo y cómo se la había hecho.

El joven *bestiario* tenía dos vicios: era muy bebedor y tenía un carácter muy agresivo. El vino estaba prohibido entre los estudiantes, excepto durante las comidas y entonces se mezclaba con agua, pero Carpophorus sabía organizarse bien y tenía su propio suministro. Uno de sus trabajos en la escuela era entrenar a un leopardo para convertirlo en un devorador de hombres. Éste era un proceso complicado, ya que ninguno de los grandes felinos ataca voluntariamente a los humanos. La primera parte del entrenamiento consistía en vencer el miedo instintivo a los humanos que tienen los leopardos. Para este propósito, es mucho mejor un leopardo nacido en cautividad, que nunca ha aprendido a temer a las personas, que una fiera salvaje capturada. Se seleccionaba un cachorro y un *bestiario*, fuertemente protegido, se acercaba al animal, fingiendo estar muy nervioso. En cuanto el leopardo le golpeaba, el bestiario se tiraba al suelo de la jaula, simulando estar agonizante. La visión de una víctima postrada suele dar valor a cualquier animal agresivo para atacar y, además, el hombre llevaba trozos de carne atados a sus protectores. De esta manera se enseñaba a un leopardo a convertirse en un asesino. El animal siempre ganaba en estos combates y el entrenador tenía mucho cuidado de no golpearle o castigarle nunca de ninguna manera.

Al leopardo se le alimentaba siempre con carne humana (había mucha siempre alrededor de la arena) y más tarde se le estimulaba a atacar esclavos. A estos hombres se les rompían los brazos y se les quitaban los dientes, de manera que no pudieran herir al animal. Un hombre desesperado, aún sin armas, puede matar a un leopardo (Carl Akely, el explorador africano, logró esta proeza), pero incluso en el caso de las mujeres o los niños, es necesario que el animal esté convencido de que puede ganar siempre sin problemas. Por último, cuando el animal confía plenamente en su poder, se le arrojan esclavos sin tullir para que los mate. Si el esclavo opone mucha resistencia en la lucha, el *bestiario* que está al tanto ayuda al leopardo con una rápida estocada con un arpón.

El devorador de hombres de Carpophorus era un animal perfectamente entrenado. Había desarrollado un «patrón de comportamiento» tan perfecto que nunca se le ocurría atacar a Carpophorus o a nadie más, excepto a las personas que eran arrojadas a la arena de entrenamiento. Sólo solía comer en esas condiciones específicas y se hubiera muerto de hambre en una carnicería, ya que no hubiera reconocido la carne como comestible. (Puede parecer increíble, pero es cierto. Un león o un tigre devoradores de hombres atacarían a través de un rebaño de ovejas a un pastor y no tocaría a una vaca recién muerta, porque ha perdido el gusto por cualquier tipo de carne, excepto la carne humana. Esto ocurrió, por ejemplo, en el caso de los famosos devoradores de hombres de Tsavo, en Kenia, en África Oriental, durante tres semanas, durante la construcción de un ferrocarril. Los dos leones de Tsavo ignoraban a las cabras, a las reses e incluso a las cebras, la comida favorita de los leones, que se ponían como cebos. Tuvieron que ser atraídos finalmente a una trampa de doble compartimento, con dos hombres como señuelos en uno de los compartimentos. Incluso durante la cerrada descarga de fusilería, continuaban intentando alcanzar a los hombres).

El leopardo de Carpophorus tenía tan arraigado su «patrón de conducta» que el joven *bestiario* podía sacarlo a pasear por delante de manadas de antílopes en los grandes corrales donde se encontraban los animales destinados a la arena. El leopardo no prestaba atención a los antílopes. Sin embargo, por motivos de seguridad, Carpophorus siempre lo llevaba con correa, hasta una noche en que Carpophorus había bebido demasiado vino y no se la puso cuando le llevaba a beber. Debido a la mala suerte, algo asustó a los antílopes, que corrieron alejándose del leopardo. La visión de los animales que huían tan cerca de él, despertó el instinto cazador del gran felino y se lanzó sobre un oryx. Carpophorus intentó retenerle, pero el leopardo se aferraba al aterrorizado antílope, agarrándose a unos de sus flancos con sus afiladas garras. Con una furia ciega,

Carpophorus enarboló el látigo con las bolas de plomo sobre la cabeza del leopardo y lo mató de un sólo golpe.

El joven había matado a un animal que era mucho más valioso que él mismo y el enfurecido instructor de la escuela, a quien Carpophorus se había ofrecido como esclavo, ordenó arrojarle a las fieras salvajes en el próximo espectáculo. Carpophorus aceptó su destino sin protestar. Pero las fieras que se utilizaban como ejecutores eran todas animales de los corrales y Carpophoryus las conocía muy bien. Cuando fue conducido a la arena por los esclavos del circo, Carpophorus se colocó entre un grupo de leones, tigres, leopardos y osos y empezó a gritar: «¡Tú, Cheops! ¡Tú, Lesbia! ¡Abajo, Herodes! ¡Buena chica, Cypros!». Los animales, sorprendidos, se alejaron y empezaron a luchar entre ellos. Este espectáculo impresionó tanto a la multitud que pidieron la liberación de Carpophorus, que fue devuelto a la escuela. Después de este episodio, nunca volvió a probar el vino mientras trabajaba con los animales e hizo un serio intento de controlar su carácter.

Cuando Carpophorus se licenció de la escuela, empezó a trabajar como *bestiario* en el circo. A diferencia de sus demás compañeros, Carpophorus nunca perdió de vista el hecho de que su trabajo era fundamentalmente agradar al público, no realizar ninguna proeza que pudiera ser apreciada por otros *bestiarios* o por unos cuantos expertos que hubiera en las gradas. Habiendo crecido «bajo las gradas» sabía perfectamente que era el populacho quien mandaba en el circo, no los intelectuales de las primeras filas y menos aún los *bestiarios* de otros tiempos que solían reunirse por las noches en la tienda de vinos de Chilo, no precisamente en la Via Appia, donde solían hablar de sus pasados triunfos, mientras que los jóvenes más respetuosos se sentaban alrededor y escuchaban. Por ejemplo, estos anticuados *bestiarios* consideraban que era una gran proeza entrenar a ciervos

Mosaico deteriorado con animales selváticos
en el siglo III d.C. Museo del Bardo, Túnez.

para que tiraran de un carro. Los ciervos son unos animales muy nerviosos y sólo unos pocos *bestiarios* habían
conseguido esta hazaña. En Egipto, los entrenadores de
animales de Ptolomeo habían conseguido que unos ciervos tiraran del carro real y en Grecia, una sacerdotisa
había aparecido en un carro tirado por estos animales.
Era un reto para todos los *bestiarios* conseguir emular
esta proeza. Para todos menos para Carpophorus, que
sabía que al público no le interesaba nada todo esto, por
muy difícil que fuera. Preferirían mucho más ver un
carro tirado por cebras o por avestruces, por mucho más
fácil que fuera, comparativamente. De hecho, el público
no estaba interesado particularmente en ver carros tira-
dos por animales extraños. Ellos querían cosas más fuertes y Carpophorus estaba dispuesto a dárselo.

A menudo había espectáculos con relaciones sexuales entre mujeres y animales «bajo las gradas», como hoy día pueden verse en la Place Pigalle de París. Tales espectáculos se ofrecían de vez en cuando en la arena del circo, pero el problema era encontrar el animal que actuara cuando se quisiera. Un burro o incluso un perro grande que montara voluntariamente a una mujer ante un populacho que gritara sería un animal extraño y, por supuesto, la mujer tendría que cooperar. El hecho de que la mujer pareciera disfrutar estropearía la diversión de la multitud. Había *bestiarios* que habían intentado entrenar animales para que violaran mujeres, normalmente cubriendo a la mujer con la piel de un animal o incluso construyendo maquetas en madera de una vaca o de una leona y colocando a la mujer en el interior. En una obra llamada «El Minotauro», Nerón había hecho que el actor que hacía el papel de Pasifae se introdujera en una vaca de madera, mientras que otro actor, vestido de toro, le montaba. Estos dispositivos casi siempre fallaban cuando se trataba de animales reales, de manera que el proyecto completo se había abandonado.

Carpophorus, con su formación «bajo las gradas» y su conocimiento práctico de los animales salvajes, comprendió claramente en que consistía el asunto. Los animales se controlan por el olor, no por la vista. El joven bestiario observó cuidadosamente a las hembras de los animales en los corrales y cuando les venía el celo, recogía su sangre, empapando finas telas. Estas telas las numeró y las clasificó. Luego consiguió que algunas de las mujeres «bajo las gradas» le ayudaran. Trabajando con animales machos muy domesticados a los que no importara el ruido ni la confusión, envolvía a la mujer en los tejidos utilizados previamente e inducía a los animales a que la montaran. Como en el caso de los devoradores de hombres, estableció así unos patrones de conducta en estos animales, a los que no permitía tener contacto con hembras de su misma especie. Según los animales ganaban en confianza, también ganaban en agresividad. Si la mujer, siguiendo las órdenes de Carpophorus forcejeaba, un guepardo, por ejemplo, debía clavar sus garras en sus hombros y agarrar su cuello entre las mandíbulas, obligándola a someterse. Carpophorus utilizó varias mujeres antes de conseguir que los animales estuvieran adecuadamente entrenados (en el caso de un toro o de una jirafa, la mujer no solía sobrevivir a la terrible experiencia) pero siempre era capaz de conseguir más mujeres acabadas de provincias, que nunca se daban cuenta de los que les iba a pasar hasta que ya era demasiado tarde.

Carpophorus causó sensación con su nueva técnica. Nunca nadie había soñado con que un león, un leopardo, un jabalí o una cebra pudieran violar a una mujer. A los romanos les gustaban mucho las representaciones de escenas mitológicas en las cuales Zeus, el rey de los dioses, violaba a menudo a jovencitas tomando la forma de distintos animales. Estas escenas se reproducían en el circo. Bajo la dirección de Carpophorus, un toro violaba a una joven que representaba a Europa, entre grandes aplausos.

Apuleyo nos ha dejado un relato de una de estas escenas. Una mujer que había envenenado a cinco personas para conseguir sus propiedades fue sentenciada a ser arrojada a las fieras, pero antes, como castigo adicional, tenía que ser violada por un burro. Se colocó una cama en mitad de la arena, empotrada dentro de un caparazón de tortuga y con un colchón de plumas, con una colcha china bordada. La mujer fue atada con los brazos y las piernas extendidos. El asno había sido entrenado para arrodillarse sobre la cama, ya que, de otra manera, el asunto no podría finalizar adecuadamente. Cuando terminó el espectáculo, se soltaron las fieras para que pusieran final al sufrimiento de la desgraciada mujer.

Carpophorus guardó en secreto su método para entrenar animales, diciendo que todo se debía a un

Una mujer, atada a la espalda de un toro, es atacada por un felino. Estatuilla en terracota. Museo del Louvre, París.

amuleto especial que colgaba alrededor del cuello del animal antes de que entrara en la arena. Aunque se le ofrecieron sumas fabulosas por el amuleto, siempre rehusó venderlo. Al final, se lo dio a su maestro de la escuela, a cambio de la cancelación de los años de esclavitud que le quedaban. El hecho fue que el amuleto nunca volvió a funcionar en manos del maestro.

Los antiguos *bestiarios* siempre despreciaron a Carpophorus. Decían que había degradado su noble profesión mediante estos espectáculos indecentes. Olvidaban que en su día ellos habían sido criticados por el por entonces aún poco practicado entrenamiento de los devoradores de hombres, que eran utilizados en las luchas con hombres y mujeres indefensos. Realmente, los críticos antiguos y los de esos días tenían razón. Los espectáculos eran cada vez más viciosos. Lo que una vez fueron, aunque brutales, espectáculos de valor y destreza, se iban convirtiendo poco a poco en meras excusas para espectáculos crueles y de perversión sexual.

Aunque Carpophorus alardeaba de que nunca le había importado lo que decían los *bestiarios* de otros tiempos, sus críticas le molestaban. Así que continuó luchando en la arena como *venator* y una vez mató a veinte fieras salvajes en un día, posiblemente con sus manos desnudas. No se sabe que tipo de animales eran. Para este trabajo salvaje y peligroso, Carpophorus no tenía igual. Por eso es el único *bestiario* cuyo nombre ha llegado hasta nosotros.

VI

Imaginemos por un momento cómo transcurriría un día en el Coliseo, en la época del emperador Domiciano, durante el apogeo de los juegos, cuando Carpophorus era el *bestiario* más famoso de todos, basándonos siempre en las descripciones de Marcial, Suetonio y otros escritores romanos.

Algunas semanas antes del espectáculo, los esbirros del *editor* que ofrecía los juegos han distribuido las entradas arrojándolas a la multitud, y algunos especuladores las han vendido. Los poco afortunados que no han conseguido su pase se ponen en cola ante las puertas del gran edificio con varios días de antelación, con la esperanza de encontrar un sitio. Se llevan su comida y se entretienen con los acróbatas, músicos y bailarines que actúan esperando que les lancen alguna monedilla de cobre. Los acomodadores, conocidos como *locarii*, muestran sus asientos a los que han conseguido entradas: señalan la situación exacta del asiento. Entonces los soldados que custodian las entradas se echan a un lado y comienza una carrera frenética hacia los asientos por los pasillos y las estancias de la fila superior. Cada uno sólo se preocupa de sí mismo. Se aparta de un empujón a las mujeres, se pisotea a los niños y se producen peleas en los pasillos y rampas que llevan a las atestadas filas de asientos. En uno de estos tumultos, llegaron a morir cuarenta personas. Al final, el gigantesco edificio queda abarrotado, la gente se agolpa tan apretada alrededor de los mástiles que sostienen el toldo que los marineros tienen que sudar para manejar las jarcias.

Todo el anfiteatro queda envuelto en un ambiente tenue de color rojizo debido a la luz que se filtra a través del toldo que cubre el estadio. Con ese toldo protector ya no son necesarias las señales que hasta entonces informaban sobre la continuidad de los juegos en función de la meteorología: «Si el tiempo lo permite» o «Llueva o haga sol», como sucedía anteriormente.

Algunos surtidores esparcen al aire agua de colores perfumada, refrescando el grandioso circo y dulcificando el ambiente. Estatuas de mármol de dioses y diosas portando urnas, delfines y otras figuras derraman agua perfumada. Al parecer, las estatuas, gracias a algún tipo de mecanismo, podían «dulcificar» los perfumes. El aire se embriaga ligeramente cuando ya apesta a sudor, piel, ajo y al hedor de las bestias en sus confinamientos bajo la arena. Más tarde empezará a oler muchísimo peor.

El agua del foso corre constantemente y se enfría con la nieve traída de las montañas, ya que al mediodía el estadio se convierte en un horno. Los veranos en Roma suelen ser tórridos y el espectáculo se celebra durante uno de esos veranos. Sin el toldo que protege al público del sol, hubiese sido una tortura permanecer sentado en el estadio. Calígula, para castigar al populacho por criticar uno de sus espectáculos, mandó retirar el toldo y mantuvo a la plebe en el estadio expuesta a los rayos del sol durante varias horas. Muchas personas murieron de insolación. La mayoría del público lleva sus abanicos y visten sus togas más ligeras o túnicas sin mangas.

Los vendedores ambulantes venden programas, bebidas frías, dulces y almohadillas para cubrir los duros asientos de mármol, abriéndose camino, como pueden, entre la gente, por los pasillos atestados. Desde las jaulas situadas bajo la arena llegan los rugidos de los leones, el aullido de los lobos y el barrito de los elefantes. La gente está ocupada haciendo apuestas unos con otros o con los corredores de apuestas que consiguen arrastrarse de fila en fila, gritando a cómo están las apuestas de los gladiadores. Un poeta romano escribió que el murmullo de la multitud era como el sonido del «oleaje en la tormenta».

Como el toldo ondea al viento, los colores del estadio cambian continuamente. Está hecho de lana, la loneta resultaba demasiado pesada para tanta envergadura, y a pesar de que se ha teñido de rojo casi en toda su extensión, aparecen otros colores, por eso los poetas latinos describían cómo los rayos de luz que atravesaban el oscilante toldo teñían el mármol blanco de las estatuas unas veces de rojo, otras de amarillo y otras de azul celeste.

La altura del anfiteatro es tan grande que cuando estás en las filas superiores y miras hacia abajo, te da vértigo. Los tablones de madera de la pista están cubiertos por un lecho recién echado de arena blanca traída especialmente de Egipto para el evento y brilla con la luz tenue de las piedras semipreciosas que se han esparcido sobre ella. La verdad es que Nerón cubría la arena con polvo de oro. Era simplemente una de sus extravagancias. La arena es el material más adecuado ya que absorbe la sangre con facilidad, de hecho, la palabra arena significa «tierra fina». Alrededor de un altar de mármol los sacerdotes se disponen a celebrar un sacrificio. El altar es en honor a Júpiter Latista, al que antiguamente se ofrecían sacrificios humanos. Los sacerdotes visten togas blancas con estolas rojas. Sacan un toro blanco y dos carneros con tocados de oro. El fuego arde ya en el altar y otros sacerdotes lo rociaban con vino e incienso. Después de sacrificar ceremoniosamente a los animales, los sacerdotes examinan sus entrañas para ver si los dioses desean que prosigan los juegos. Con el estadio lleno a estallar, los dioses no pueden desear otra cosa y las entrañas así lo confirman. Los sacerdotes salen de la arena, balanceando los incensarios y entonando himnos, mientras los esclavos retiran el altar y los animales muertos.

Una distinguida audiencia asiste al espectáculo desde el podio, y las primeras treinta y seis filas de asientos están reservadas para las clases altas. El emperador no ha llegado aún, pero los dirigentes invitados por Roma y sus cortes ya han tomado asiento. Los galos de barba rubia están sentados observando las maravillas que les rodean. Hay sigambrianos con sus largas cabelleras recogidas con nudos y etíopes con su pelo algodonado. Los persas con sus sayos rojos, azules y de hilo dorado, bretones con sus cobertores sin mangas y sus pantalones anchos, escitas de las estepas rusas y griegos con sus túnicas blancas. Todos son súbditos de Roma y el público lo sabe. Hacen comentarios groseros sobre los bárbaros y comentarios aún peores sobre los señores y señoritas de las primeras filas. Muchos de los patricios llevan vidas llenas de escándalos que están en boca de todos. El populacho grita, «Eh, Itálico, ¿todavía duermes con tu madre?», «Eh, tú, Antonia, si los gladiadores sobreviven al combate, van a tener que trabajar aún más para complacerte», «Saludos, Gayo, ¿has conseguido ya que hagan tribuno a tu novio el de la guardia pretoriana?». Los patricios no hacían caso de las imprecaciones, aunque les molestaban las mofas. Pero hubiese resultado indigna de ellos cualquier réplica.

Desde fuera del estadio llega el sonido de la música y se comienza a oír un clamor. El desfile se está acercando. Guiados por esclavos con armaduras doradas y tocando largas trompetas, van apareciendo por la Puerta de la Vida. El *editor* que ofrece los juegos va montado en un carro llevado por cebras (los romanos las llaman «caballos tigre») con magníficos arneses. Es un hombre enfermizo, de rostro débil, hijo de una anciana patricia muy influyente que está dispuesta a que su inútil vástago sea elegido para un cargo político. Parecía exhausto después de haber tenido que mantenerse erguido en el carro durante el largo recorrido por las calles. El peso de la gran corona dorada, con incrustaciones de piedras preciosas, sobre la cabeza, le hace tambalearse y un esclavo tiene que ir montado con él en el carro para sostener la corona en su sitio. El joven, que viste una toga púrpura bordada en oro, trata de manejar las riendas de su carro y al mismo tiempo levantar su cetro de marfil con un águila dorada. Afortunadamente para él, las riendas están de adorno, ya que las cebras han sido amaestradas por expertos adiestradores. La multitud le da una irónica ovación. Sí los juegos colman sus expectaciones, el pueblo le dará una aclamación de verdad y le elegirán para el cargo. Una banda de música desfila ante el carro haciendo honor al buen sonido de sus cuernos, flautines y flautas. También caminan, rodeando el carro, un grupo habitual de clientes (personas relacionadas con la familia), con sus atuendos blancos y los esclavos que portan pancartas que anuncian para qué cargo se presenta el joven noble. Detrás del carro avanza una larga serie de carrozas tiradas por caballos, mulas y elefantes. Cada carroza lleva una estatua de un dios o una diosa, y sacerdotes que van quemando incienso en el altar ante la imagen, o un grupo de mujeres y hombres jóvenes posando para representar un cuadro mitológico. Este desfile va rodeando la arena bajo aclamaciones, abucheos y gritos de: «¡Baja y deja a tu madre llevar el carro!» y «Oye, te encuentro monísimo, eres un bomboncito. Reúnete conmigo bajo las gradas y te voto». La plebe veía como una pérdida de tiempo estos desfiles tan largos y formales e incluso había un proverbio que decía: «Tedioso como un desfile circense» Pero, igual que los anuncios de la televisión, eran necesarios, ya que la intención del *editor* era que la gente recordase a quién tenía que votar.

El insulso joven desciende del carro, con un cansancio infinito, y sus esclavos le llevan, casi en volandas, hasta su asiento en el podio, donde le espera su madre. Él se derrumba con un gran suspiro.

Los esclavos le retiran la corona de oro y él trata de secarse el sudor de la cara con la manga del vestido. La madre le ordena que pare con un gesto de mal humor.

Suena una trompeta anunciando la entrada del emperador Domiciano. Avanza desde el fondo hasta su palco. El palco real descansa sobre una tarima sobre el podio. Cuatro columnas coronadas cada una por una estatua de la victoria, sostienen el palio. Domiciano era un gran entusiasta de los juegos, siempre que fueran lo bastante crueles. (Cuando no se celebraban juegos, solía entretenerse en clavar moscas con alfileres). Es un hombre barrigón, con ojos saltones y llorosos y completamente calvo. Su vida privada era tan desenfrenada que era conocido popularmente como «el viejo verde». Durante los juegos siempre tenía a su lado a un chiquillo con una cabeza desproporcionadamente pequeña y comentaba con él los acontecimientos, aparentemente porque pensaba que el pobre deforme poseía alguna habilidad para adivinar la cuadriga ganadora o el mejor gladiador. Domiciano tenía su propia escuela de gladiadores y al final fue asesinado por uno de ellos, al cual pagaron un grupo de políticos ambiciosos.

Domiciano no es un hombre generoso. No está ofreciendo los juegos y eso le hace impopular porque es visto por el pueblo como una tacañería. Las vírgenes vestales hacen su entrada con sus túnicas blancas y toman asiento en el palco contiguo al del emperador. Al siguiente toque de trompeta entra el desfile de los luchadores; los aurigas en sus cuadrigas, los gladiadores marchando en fila, los elefantes con sillas en sus lomos llenos de hombres armados, nubios a caballo, la caballería del ejército de la casa real, leones domados llevados con cadenas por los *bestiarios,* avestruces arrastrando carros livianos, encantadores de serpientes con pitones enroscadas en ellos, hombres y mujeres toreros vestidos sólo con taparrabos, hombres con disfraces rocambolescos montando sobre jirafas, ciervos,

Mosaico de Veio. *El embarco de un elefante* (detalle).

antílopes e incluso un rinoceronte amaestrado, jaulas arrastradas por caballos con extraños animales traídos recientemente a Roma, y un grupo de pigmeos del bosque Ituri de África Central.

También participan arqueros partos, tiradores de honda sirios, irlandeses pelirrojos con sus *shillelahs*, asirios con mayales, egipcios con hachas con efecto boomerang, tiradores de piedras africanos, *essedarios* que utilizan lazos desde sus carros, germanos con jabalinas, sikhs de la India con anillos afilados para lanzar, lapones con lanzas y lanzadores y habitantes de las islas Andaman con arpones. Niños vestidos de cupidos con arcos y flechas de juguete revolotean disparando saetas inofensivas a la multitud, cada una con un billete de lotería en la punta. Un grupo de bellas jóvenes desnudas, con una guirnalda de flores en la cintura, esparcen pétalos de rosa a los pies del cortejo, y también hay enanos vestidos con disfraces extravagantes, muchos con una joroba, con símbolos fálicos de colores brillantes sujetos a su espalda, corriendo de un lado a otro, dando volteretas, haciendo el pino y realizando trucos acrobáticos sencillos. Cierra la marcha un destacamento de la guardia pretoriana, con sus armaduras brillando bajo la tenue luz.

Después de dar toda la vuelta a la arena bajo un enfervorecido aplauso, el cortejo forma ante el podio real y saluda a Domiciano. Luego viene el saludo al joven *editor*, al que pillan distraído y tiene que ser duramente reprendido por su madre antes de recordar que tiene que levantarse y contestar adecuadamente. La mayoría de los que toman parte en el espectáculo se retiran, aunque los gladiadores remolonean y fanfarronean ante el público, gritando a las chicas guapas: «Cariño, aprovéchate y abrázame antes que lo haga la muerte». Algunos de los gladiadores que estaban orgullosos de sus cuerpos iban totalmente desnudos, sólo con guirnaldas de flores en la cabeza; con sus cuerpos relucientes por el aceite de oliva. En lugar de armas, portaban palmas. Frente al público, sacaban músculo, enganchando los dedos de una mano bajo los de la otra y poniéndolos en tensión para aumentar sus bíceps o levantando los dos brazos tiraban de los hombros hacia atrás. La multitud daba gritos y alaridos de placer, las mujeres miraban tímidamente hacia abajo, pero intentaban echar un vistazo con el rabillo del ojo a los cuerpazos que tenían delante. Se escuchaban gritos de: «¡Apuesto mi dinero por ti, Primus!», «¡Hazles probar el frío acero, Pamphilus!» y había un último minuto desesperado comprobando los nombres, las apuestas y las armas en los programas.

Cuando ya no quedaba nadie en la arena, se hacía el silencio. Entonces sonaba la trompeta e inmediatamente cientos de animales salvajes salían en avalancha a la pista. Esta era la apertura habitual de los juegos, la *venation* o caza de fieras.

La cantidad y variedad de animales en una de estas cacerías era sorprendente. Marcial cuenta que mataron a nueve mil animales en uno de estos juegos de seis días de duración. Había venados, jabalíes, osos, toros, antílopes, cabras montesas, chacales, avestruces, grullas, caballos salvajes, hienas, leopardos y rebaños de animales domésticos, éstos últimos «para rellenar».

La arena entera parecía cubierta por un mosaico de retales de pieles de diferentes colores. Los enfrentamientos surgían constantemente, pero la arena estaba tan abarrotada y los animales tan aterrorizados que, por el mero hecho de ser tantos, los contendientes eran zarandeados y arrastrados lejos unos de otros cuando las frenéticas criaturas trataban de encontrar alguna forma de escapar.

La entusiasmada multitud, gritando y contando ávidamente con sus dedos cuántos animales había allí reunidos (cada espectáculo debía llevar más que el anterior), nunca se paró a pensar en el enorme trabajo y la sorprendente eficiencia que hacía posible trasladar hasta la arena, a un mismo tiempo, a tal cantidad de animales distintos.

Cuando el interés de la multitud por aquel enjambre de animales luchando entre sí comenzaba a descender, se soltaban zorros con teas ardiendo atadas a sus colas. Los zorros se lanzaban como flechas entre la masa compacta de animales, causando terror por donde pasaban, mientras la plebe daba alaridos de placer. Domiciano despertó de su estado natural de aletargamiento, al contemplar la lucha de las pobres bestias indefensas y pidió su arco. El grueso emperador era un excelente tirador y solía practicar su puntería sobre animales cautivos en su estado albano. Había conseguido en Persia un poderoso arco hecho de tendones, tan flexible que cuando no estaba encordado, su curva era la contraria de la que alcanzaba al ponerle la cuerda. Mientras un esclavo le encordaba el arco, el rechoncho emperador bailaba con impaciencia y otro esclavo le sostenía un carcaj lleno de flechas con plumas de la cola de un pavo real. Domiciano comenzó a disparar a la marabunta de animales, mientras el público le jaleaba. A veces era capaz de atravesar a un animal con su flecha y herir a otro con la punta. Como exhibición de su maestría, disparó dos flechas a la cabeza de un animal para que pareciesen dos cuernos. Después de disparar a más de cien animales, ordenó a un esclavo saltar a la arena, correr al medio y alzar la mano con los dedos separados. Domiciano disparaba sus flechas entre los dedos del esclavo mientras el público gritaba presa de la emoción y los patricios aplaudían educadamente. Como la arena continuaba llena de animales espantados, el esclavo hacía un gran esfuerzo evitando sus ataques salvajes, y entre vigilar a los animales y mirar a Domiciano, pasaba un rato «muy entretenido». La multitud encontraba los aspavientos del esclavo muy divertidos y todos se morían de risa. De repente, un toro se arrancó desde atrás en dirección al hombre y le embistió. El esclavo cayó entre dos osos que inmediatamente le agarraron, y comenzaron a despedazar a su víctima. Sus gritos se escuchaban por encima de los mugidos de las reses y los relinchos de los caballos salvajes que pateaban en la arena con flechas clavadas en sus cuerpos.

Domiciano aguardó con una flecha en la cuerda y una amplia sonrisa en su rostro, hasta que murió el esclavo. Entonces lanzó dos certeros disparos y mató a ambos osos. Luego se sentó secando su hinchada cara ante un aplauso atronador.

Ahora era el turno de los *venatores* profesionales, entre ellos Carpophorus. Estos hombres entraban a la arena por el mismo sitio por el que salían los animales. El público identificaba al instante a cada a grupo de *venatores* por su equipo. Algunos portaban sólo un velo y una daga larga para los osos. Otros llevaban armadura completa, como los gladiadores, para recibir la carga de los toros. Otros llevaban lanzas con un semidisco redondo de metal en la empuñadura. Éstos luchaban con los jabalíes y el disco servía para prevenir que el jabalí siguiera haciendo fuerza a pesar de tener clavada la espada y les matase. Otros iban montados a caballo con lanzas para acabar con los venados. Carpophorus sólo llevaba un blusón que dejaba sus poderosos brazos desnudos y algunos amuletos de la buena suerte colgados al cuello.

A una señal del joven *editor,* sonaba la trompeta y, mientras la banda tocaba enérgicamente, los *venatores* entraban en la refriega. Al instante siguiente, la arena se llenaba de gritos, rebuznos, aullidos y maldiciones, era el fragor de la lucha. La plebe adoraba este espectáculo. Estando tan arriba y con el panorama de la arena muy oscurecido por el círculo de mástiles que soportaban el toldo, tenían mucha dificultad para alcanzar a ver a los gladiadores que luchaban frente a la nobleza, que los contemplaba con entusiasmo sentada en la primera fila, pero en estas *venation* había tanto movimiento que no importaba donde se estuviese sentado, la acción lo inundaba todo. Todo el público estaba en pie, animando a los *venatores*, aunque con el tumulto reinante en la arena, uno no podía oír ni su propia voz.

Carpophorus actuó deprisa. Saltando de un antílope a otro, agarraba al desdichado animal por los cuernos, le retorcía el cuello con habilidad y, dejando caer al animal muerto, atrapaba a otro. Mató a cinco antílopes uno detrás de otro... después quince... después veinte. Para terminar mató a un leopardo, según cuenta Marcial. Tras cada animal caído, estallaba un aplauso desde las gradas, y no sólo desde las filas superiores, sino también desde los asientos de los patricios que observaban a Carpophorus. Los gritos se oían con el ritmo regular de las olas, según iba matando animal tras animal. Rara vez se veía en la arena aquella exhibición de fuerza. Según Marcial, Carpophorus era sin duda la estrella del espectáculo.

A esas alturas el número de animales había disminuido considerablemente y Carpophorus comenzaba a tener dificultades para atrapar a sus víctimas. Tuvo que adoptar una nueva estrategia. Con las manos cruzadas a la espalda caminaba detrás de los exhaustos zorros y de los atemorizados chacales que se agazapaban contra las barricadas, paralizados por el miedo. Entonces los enganchaba con los dientes por el cuello y los mataba con una rápida sacudida.

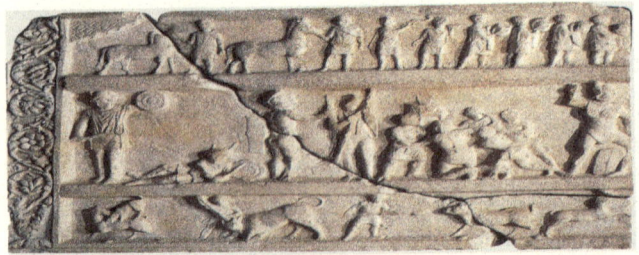

Bajorrelieve en una tumba pompeyana con gladiadores.
En la parte superior el desfile, en el centro el combate y
en la parte inferior la caza. Museo Arqueológico
Nacional, Nápoles.

En ocasiones los animales se revolvían y clavaban
sus dientes en la barbilla o en las mejillas del venator.
Carpophorus se los quitaba de encima con las manos. Los
lanzaba fuera o les hacía rodar por la arena y entonces
volvía al ataque. En este punto, la multitud estaba loca
de placer. Domiciano estaba sentado con la boca
abierta y con los ojos que se le salían de sus órbitas de
gusto, e incluso el joven editor, sudoroso y miserable bajo
su pesada toga, se tomaba la molestia de atender a los
acontecimientos.

Ya había desaparecido el primer lote de animales y
los esclavos con palas, cestas y rastrillos se apresuraban a
limpiar la arena. Las rejas de las grandes jaulas comenzaron a chirriar y a deslizarse hacia arriba. Carpophorus gritó
advirtiendo a sus compañeros *venatores* y tomó posiciones
con la espalda pegada a la barrera interior.

Estaban a punto de hacer su aparición nuevos animales en la arena, el aire estaba cargado con el olor a paja
quemada y la peste a pelo chamuscado, ya que los esclavos utilizaban hierros candentes para obligar a las renuen-
tes bestias a moverse. Los recién llegados no eran ni venados, ni zorros, ni antílopes. Eran leones, algunos tigres,
muchos leopardos, perros salvajes y lobos. Sin quitar ojo
de la arena, Carpophorus levantó sus manos hasta el borde

de la barrera. Al instante, sus esclavos personales le alcanzaron un escudo y una espada corta. Los otros esclavos también acercaron a sus amos nuevas armas: capas como las de los toreros actuales, picas, jabalinas y dagas.

Era de esperar que los animales no atacasen a los hombres de *motu propio*. Recién capturados, desconcertados y entumecidos por el prolongado confinamiento, su única idea era escapar. Pero no tenían escapatoria. Cuando intentaban refugiarse a lo largo de la barrera, los esclavos los apartaban con hierros al rojo vivo. Carpophorus eligió un león joven que tenía cerca y comenzó a avanzar, cubriéndose con el escudo.

El león no prestaba atención al hombre que se acercaba. Había comenzado un intercambio de gruñidos con otro león. Carpophorus se colocó a su altura y agarrando la espada, le golpeó en el hombro. En el último momento, el león había retrocedido de un salto para evitar el ataque del otro león y la espada fue a clavarse en la piel suelta de su lomo. El animal herido comenzó a dar vueltas alrededor de Carpophorus y le golpeó con las garras de sus patas delanteras, a derecha e izquierda como un boxeador. Carpophorus frenó los ataques con su escudo y el león retrocedió, rugiendo y buscando a su alrededor alguna forma de huir.

Carpophorus avanzó. El león estaba de espaldas a la barricada y Carpophorus gritó a sus esclavos que le dejasen allí. Si le quemaban, comenzaría una huida salvaje por toda la arena y sería imposible detenerlo. Ya no rugía, sólo observaba atentamente al *venator*. Carpophorus gritó y sacudió el escudo para provocar al león, pero el animal no quería moverse. Carpophorus se movió hacia delante y hacia atrás ante el animal, pero se negaba a atacar. El *venator* no se atrevía a luchar con él contra la barrera, porque no hubiera tenido espacio suficiente para esquivarlo. Al final, exasperado, gritó a sus esclavos, «¡Está bien, azuzadlo con el fuego!».

Observó un movimiento rápido por la rendija de la barrera. Entonces el león dio un rugido y se abalanzó hacia delante. Carpophorus se preparó, balanceándose ligeramente hacia atrás para darle más impulso a su empuje hacia delante, pero el animal desesperado, saltó sobre su cabeza y desapareció entre el enjambre de animales.

Carpophorus lanzó una maldición y se volvió buscando otra víctima. Vislumbró a un leopardo agazapado en la arena y avanzó hacia él. El leopardo le observaba sin pestañear y el *venator* presintió que se estaba disponiendo a saltar. Carpophorus odiaba a los leopardos; eran demasiado rápidos. Los leones eran mucho más fáciles de atrapar, pero era el animal más cercano y no quería que la multitud percibiese que trataba de evitarlo. Atento a la situación desde su escudo, se preparó para una carga fulminante.

Como sucedía siempre con los leopardos, por muchas precauciones que tomase, siempre le pillaba desprevenido. Un momento antes estaba agazapado en la arena y al instante siguiente estaba mordiendo el tachón del escudo y tratando de encontrar un agarre en el resbaladizo bronce con sus patas traseras. Afortunadamente un animal no hace distinciones entre el hombre y su escudo y continuó atacando, algunos segundos más al escudo, sin tratar de atrapar al hombre. Carpophorus tuvo que clavar su espada en el cuerpo del animal tres veces antes de que cayese en la arena herido de muerte, agitando las patas en su agonía.

Carpophorus se giró buscando su próxima presa. Cerca de él otro *venator* había conseguido cegar a un león lanzándole una capa a la cabeza y le estaba asestando el golpe mortal. Otro hombre tenía clavado con su pica en la arena a un lobo y se estaba apoyando en la empuñadura para clavar aún más la punta, evitando caer en las fauces del agonizante animal. Dos de los *venatores* con armadura se aproximaban lentamente desde posiciones opuestas a un tigre, y éste daba vueltas para poder observar a los dos hombres a la vez.

Un joven *venator*, presa de la excitación, lanzó su jabalina y ensartó al tigre. Dadas las circunstancias, esto era la mayor imprudencia que se podía cometer, y Carpophorus sabía lo que acontecería incluso mientras la jabalina permanecía en el aire. Saltó hacia delante pero antes de que pudiese alcanzar a los combatientes, el tigre había dado un gran salto y había caído sobre uno de los *venatores* con armadura. El enorme felino pesaba alrededor de doscientos cincuenta kilos y el hombre cayó como si le hubiesen noqueado. Al instante el tigre atrapó su cabeza entre las fauces y le destrozó el cráneo, ya que el casco de bronce del *venator* se resquebrajó como una lata, cuando los enormes colmillos lo atravesaron.

«¡Lanceros! ¡Lanceros!», gritaba Carpophorus a pleno pulmón mientras intentaba atraer la atención del tigre. Un *venator* armado con una lanza corrió hacia allí y trató de clavarla en el hombro del tigre pero éste retrocedió de un salto, golpeando con su garra la punta de la lanza. Entonces se giró en redondo, mordiendo la jabalina.

Carpophorus gritó al *venator* de la armadura, «¡Llévale al otro lado mientras me voy de aquí!». El *venator* asintió con la cabeza y rodeó al tigre. Carpophorus increpó al lancero: «Está bien, le mantendremos ocupado hasta que puedas usar tu lanza, pero no tardes todo el día». Colocándose el escudo, avanzó hacia el tigre.

Éste se había entretenido mordiendo la jabalina frente a Carpophorus. Tenía sus cuartos traseros ligeramente levantados para poder colocar sus patas traseras debajo y darse el máximo impulso al saltar. Carpophorus se movió ligeramente a la derecha para dar al lancero más oportunidades. El tigre le seguía con la mirada sin cambiar de posición.

Entonces sin más indicios de los que había dado el leopardo, atacó. Carpophorus se inclinó sobre una rodilla para recibir el golpe, cubriéndose con su gran escudo. El tigre golpeó el escudo como un ariete, haciendo que lo soltara. Después enganchó con sus colmillos el hombro derecho de Carpophorus y comenzó a arrastrarle por la arena.

Carpophorus apuñaló la tripa del tigre. Nada más hacerlo, vislumbró el destello del filo de la lanza pasando sobre él y clavándose profundamente en el pecho del animal. El *venator* de la armadura se acercó y le asestó un terrible golpe con su espada y le partió en dos el cráneo. El animal al morir se desplomó encima de Carpophorus.

Los otros *venatores* le quitaron de encima el cadáver destrozado del animal. Carpophorus estaba sangrando pero aún se mantenía en pie. A su alrededor tenían lugar otros combates. Un *venator* tenía cogido del cuello a un leopardo y trataba de estrangularlo aunque las garras afiladas de las patas traseras le habían destripado ya. Cuatro perros salvajes, enormes, molosianos amarillos, de las montañas de Grecia, habían capturado a otro *venator* y le estaban despedazando sobre la arena, dos tiraban de la cabeza y los hombros y otros dos de las piernas. Un quinto perro se acercó corriendo y se tiró a los genitales del pobre hombre indefenso. Otro *venator* que trataba de extraer su pica del cuerpo de un lobo, fue atacado por otros miembros de la manada. Un joven *venator* había agarrado a una leona del rabo y la sostenía mientras sus compañeros le clavaban sus picas.

«Deberías abandonar la arena», le dijo el *venator* con la armadura a Carpophorus. «El pueblo te dejará marchar.» El público había presenciado la hazaña de Carpophorus y se mostraban clementes.

Carpophorus casi no podía oírle. Estaba ciego de rabia y tuvo un repentino ataque de odio hacia las bestias. Se agachó para recoger su espada pero tenía agarrotada la parte por la que le había zarandeado el tigre. Soltó una maldición y el lancero recogió la espada por él. Con mucha dificultad consiguió cerrar los dedos alrededor de la empuñadura, aunque no tenía sensibilidad.

Comenzó a avanzar hacia el tumulto, la sangre de su herida iba llenando las huellas que dejaba su pie derecho

Fragmento del mosaico de la *Domus Sollertiana* en El Djem (Túnez), con la ejecución de un prisionero condenado a muerte.

al tambalearse. El *venator* con armadura y el lancero intercambiaron sus miradas, sacudieron la cabeza y le siguieron. El público gritaba: «¡No, Carpophorus, no!» y agitaban sus pañuelos, pero Carpophorus no les prestaba atención. Estaba decidido a capturar otro tigre o a morir en el intento.

Domiciano se volvió y dio una orden a un cortesano que estaba detrás de él. El hombre gritó al trompetero y éste hizo que saliese una sola nota prolongada de su largo cuerno. Por la Puerta de la Vida apareció marchando un destacamento de soldados fuertemente armados con lanzas. Estos hombres formaron una línea a lo largo del extremo más alejado de la arena y después juntaron todos sus escudos, cada uno pegado al borde del siguiente hasta formar una sólida pared de escudos a lo largo de la arena. El gran escudo rectangular cubría a un hombre desde la nariz hasta las rodillas. Ante los escudos se formó una sólida línea de espadas sostenidas en una alineación tan perfecta que vista de lejos parecía una sola arma. A una orden del centurión al mando, la línea avanzaba al paso de la legión, tan perfectamente calculado que se podía utilizar para medir distancias exactas. Mil de estos pasos (*milla*) equivalían exactamente a 5.280 pies, lo que después se vino a llamar una milla.

Tras la línea de la tropa, venían los *bestiarios*, con sus látigos de nueve colas con bolas de plomo, por si las bestias rompían la formación de los soldados. Detrás venían los gladiadores llamados *andabatae*, hombres que llevaban cascos sin visor y por lo tanto iban a ciegas. Tan pronto como llegaban a la arena, estos *andabatae* comenzaban a dar tientos de modo salvaje a su alrededor por si, por casualidad, acertaban a dar a alguien. Los *andabatae* eran necesarios para rellenar el espacio entre el final de la cacería y la siguiente atracción, mientras preparaban la arena.

Tan pronto como el Maestro de Juegos, que actuaba como un maestro de ceremonias, daba la orden para que se abriesen las jaulas, la orden era obedecida inmediatamente y los esclavos se apresuraban a colocar cuencos de agua para atraer a los exhaustos animales a las jaulas. Ante el incesante avance de la formación de lanceros, los animales retrocedían. Muchos, en realidad, encontraban las puertas de las jaulas abiertas y corrían dentro para beber ansiosamente de los cuencos. Algunos cargaban contra los soldados y morían bajo las lanzas. Dos leones y un leopardo se las arreglaron para abrirse paso por las apretadas filas, los leones saltando por encima de los hombres y el leopardo atacando a su paso, pero los animales pronto fueron reconducidos por los *bestiarios* con sus mayales y salieron por la Puerta de la Vida.

Carpophorus, todavía aturdido, no entendía qué estaba ocurriendo. Continuaba persiguiendo a las bestias que quedaban, buscando otro tigre. El lancero dio un tirón a la manga ensangrentada de su túnica.

«La caza ha terminado, Carpophorus», le dijo suavemente. «Los soldados están dejando la arena vacía para la próxima actuación. Vamos, salgamos de aquí».

Carpophorus hizo caso omiso. Un lobo que trataba de escapar de las lanzas pasó corriendo a su lado, e irritado, le propinó una patada. Ya no quedaban tigres.

La plebe ya había olvidado la cacería y estaba pendiente de los *andabatae*, muriéndose de risa con los bamboleos torpes de los hombres. Los esclavos seguían a los *andabatae,* empujando a unos contra otros con palos ahorquillados. Carpophorus vio un león y se tiró hacia él. Marcial cuenta que el león prefirió correr hacia las lanzas y morir, que enfrentarse a él.

La formación de soldados ya estaba harta de Carpophorus. El centurión gritaba: «Sacad de una vez de aquí a ese loco bastardo».

Un *venator* con una capa se acercó de puntillas por detrás de Carpophorus y se la lanzó a la cabeza. Al momento, el *venator* con armadura y el lancero agarraron al *bestiario,* que estaba totalmente enfurecido. Le arrastraron por la arena mientras forcejeaba como un demente. Bajo las gradas, los médicos le esperaban.

«Vale, chicos, dejadle aquí», dijo uno de los médicos, tomando el mando. Se llevaron a Carpophorus a un pequeño cuartucho junto con otros *venatores*, que estaban siendo curados. El médico dio una voz y aparecieron corriendo cuatro hombres de raza negra gigantescos. Al instante, haciéndose cargo de la situación, agarraron al enfurecido *venator* y le tiraron sobre una cama de madera con grilletes en la cabecera y en los pies. Eran usuales los casos de gladiadores o *venatores* heridos o con pérdidas de sangre, que enloquecían. Carpophorus se resistía con fuerza sobrehumana, pero los hombres de raza negra estaban acostumbrados a manejar estos casos y no tenía ninguna oportunidad. Le lanzaron contra el armazón de madera y le ataron con grilletes los brazos y las piernas.

«Amigo, te encontrarás mucho mejor en unos minutos», dijo el médico con voz tranquilizadora mientras preparaba una poción que contenía opio. «Has aguantado muchas luchas. Esos tigres son lo peor, ¿no? Mucha gente piensa ahora que los leones son peores porque rugen y ofrecen un buen espectáculo, pero cualquier buen *venator* puede dominar a un león. Bébete esto». Agarró las mejillas del hombre que estaba delirando, poniendo cuidado para que no le mordiese, le abrió las mandíbulas y con bastante pericia vertió el preparado en la garganta de Carpophorus. «Nunca olvidare los *ludi sollemnes* que ofreció el viejo Vitelio para mantener distraída la mente del pueblo del motín de Panonia. Cincuenta tigres al mismo tiempo en la arena. ¡Qué día! Sangre por todas partes… ¿Este hombre tiene que luchar otra vez hoy?», gritó al Director de los Juegos, que pasaba corriendo.

«Hoy no, pero mañana por la tarde sí», dijo el Director cuando se iba.

«Estarás listo para entonces», le aseguró el médico a Carpophorus, que sollozaba entre grandes suspiros y jadeos. «Mandaré a mis esclavos extraer la leche de esos felinos muertos y la podrás beber si quieres. Has perdido mucha sangre pero eso te reavivará el cuerpo y el espíritu. Ahora vamos a coser ese corte de tu hombro».

VII

Fuera, en la arena, mientras los *andabatae* luchaban unos con otros, los esclavos estaban ocupados haciendo rodar una maqueta de una montaña a través de la Puerta de la Muerte, hasta la barrera interior.

En esta maqueta había árboles reales, flores, arbustos e incluso arroyos de agua corriente, que fluía gracias a unas bombas que hacían funcionar unos esclavos desde el interior. Los diseñadores de escenarios correteaban sobre la montaña, haciendo cambios de última hora y los carpinteros comprobaban que todo funcionaba como era debido.

El Director de los Juegos observaba con ansiedad como los desgraciados *andabatae* se golpeaban salvajemente, infligiéndose rara vez heridas mortales. Los gladiadores de verdad, que conocía el populacho, y que eran capaces de acabar un combate, se merecían la señal del pulgar hacia arriba, pero estas miserables criaturas, siempre criminales condenados de lo más ínfimo, eran totalmente desconocidos y no tenían ninguna habilidad. Lo único que podían hacer era demostrar un valor tan desesperado que el populacho fuera tan amable como para reservar uno o dos para otro día. Así que luchaban con la loca bravura de la desesperación. Cuando un hombre caía, un empleado de la arena, vestido como Caronte, el 94 barquero de la laguna Estigia, hacía una señal a los esclavos que le seguían con un brasero lleno de carbones calientes en los que se calentaban hierros al rojo. Utilizando estos hierros al rojo se comprobaba si el hombre aún seguía vivo. Si el hombre caído se movía cuando se le aplicaba el hierro al rojo, otro empleado disfrazado de Hermes, el dios del mundo subterráneo, hacía una señal a sus esclavos para que cortaran las cintas de cuero que sujetaban el casco del *andabate*. Luego golpeaban al hombre derribado en la cabeza con un martillo. Después, los esclavos habituales de la arena clavaban unos ganchos en el cadáver y lo arrastraban, a través de la Puerta de la Muerte, hasta el *spolarium*, donde otros esclavos le quitaban la armadura. El cuerpo era entregado luego a los carniceros para que lo despiezaran y sirviera de alimento para las fieras.

Aunque los patricios de las filas inferiores observaban con disgusto las luchas sin sentido de los *andabatae*, la multitud estaba encantada. Les gustaba gritar consejos a los luchadores: «¡Lo tienes a tu izquierda! ¡No, ahora está a tu derecha!» engañando deliberadamente a los hombres cegados para verles dar vueltas aterrorizados y golpear frenéticamente al aire. Con la ayuda de los esclavos, que utilizaban unas largas garrochas, los *andabatae* restantes eran empujados unos hacia otros, de manera que el final ya estaba cerca. El Director de los Juegos gritaba al personal de la montaña: «¡Por todos los dioses, como no salgáis os dejo ahí! ¡Vamos, esclavos, dejad ya la montaña!».

Cuando empezó la lucha de los *andabatae*, los esclavos habían tomado posiciones detrás de la barrera interior. Un esclavo con una larga garrocha se colocaba bajo cada colmillo de elefante que sujetaba la red. Otros estaban preparados con sus manos en las tablas que estaban entre los mástiles que soportaban el toldo. A un grito del Director de los Juegos, los esclavos con las garrochas levantaban la red de los ganchos que la sujetaban a los colmillos de manera que la red cayera al suelo, como si de una red de tenis muy larga se tratara. Al mismo tiempo, los otros esclavos sacaban las tablas de sus soportes en los lados de los mástiles. Cuando las tablas se hubieran soltado, otros esclavos las colocaban en la arena. Cuando la última tabla hubiera sido quitada, se agarraba la red y se colocaba entre los mástiles rápidamente. De esta manera, los espectadores tenían una visión mucho mejor de la arena, aunque el anillo central de mástiles aún permaneciera.

Mientras tanto, el equipo de construcción y diseño de la montaña artificial saltaba de un brinco y varios grupos de esclavos, posiblemente ayudados por elefantes entrenados que empujaban con la frente, movían la gran masa hacia adelante mediante unos rodillos. Había dos espacios vacíos en el anillo central de mástiles que mantenían el toldo: uno enfrente de la Puerta de la Vida (sobre la que estaba el podio imperial) y el otro frente a la Puerta de la Muerte. El peso del toldo era soportado en estos puntos por unos vientos o cuerdas tensoras. La montaña era arrastrada por la arena desde la Puerta de la Muerte hasta uno de esos huecos.

La lucha entre los *andabatae* estaba a punto de terminar. Sólo quedaban dos parejas. Estos hombres habían arrojado sus escudos y se habían cogido por la mano izquierda, de manera que no se podían separar mientras se golpeaban el uno al otro con las espadas. En una de las parejas, uno de los hombres consiguió matar al otro. Los esclavos rápidamente limpiaban la arena de cadáveres y esparcían arena fresca por el suelo. Al final, uno de los dos *andabatae* restantes consiguió matar al otro. Un grito de «¡Peractum est!» se elevó y el superviviente fue sacado de la arena. Ahora al menos tendría unos pocos días de respiro, hasta el próximo espectáculo de *andabatae*.

Mientras los esclavos se apresuraban llevándose el último de los cadáveres, las tuberías colocadas en el muro del podio se abrieron y empezó a salir agua. El Director de los Juegos apareció en el podio y dijo que tenía que hacer un anuncio muy importante. Realmente, este anuncio debería hacerlo el joven *editor*, pero como había bebido grandes cantidades de vino helado y apenas podía tenerse en pie, tenía que ser él quien se dirigiera al público. El Director de los Juegos gritó: «Romanos, se ha dicho que no somos un pueblo culto. Nada más lejos de la realidad. Simplemente porque seamos una raza fuerte y viril y disfrutemos de los deportes varoniles eso no significa que no podamos apreciar las cosas refinadas de la vida». Fue interrumpido por abucheos, silbidos y sonidos groseros, realizados colocando la lengua entre los labios y soplando con fuerza. Alguien arrojó un pellejo de vino que esquivó como pudo. «Sí, mirando amigos míos vuestras caras nobles, inteligentes, me doy cuenta de que el siguiente espectáculo apelará profundamente a la naturaleza artística por la que los romanos somos famosos. Tenemos hoy con nosotros al distinguido cantante griego Mezentius, que cantará la bella oda «La muerte de Orfeo», acompañándose con una lira. Como sabéis, Orfeo era un músico famoso de una leyenda griega, que podía amansar a las fieras con su música. Señoras y señores, ¡aquí está el gran Mezentius!».

En medio de la furia de la multitud, una roca artificial en la cumbre de la montaña se abrió y apareció Mezentius, vestido con una toga blanca y llevando una lira dorada. Mientras la muchedumbre furiosa gritaba: «¡Hemos sido estafados! ¡Vuélvete a Atenas, fruto podrido! ¿Pero qué es esto, unos juegos o un musical? ¡Vamos a destrozar el circo!», el músico saludaba a izquierda y derecha y luego empezó a tocar la canción, pulsando las cuerdas de la lira. Ya había unos sesenta centímetros de agua en la arena, y el Director de los Juegos, que había estado observando con ansiedad

La muerte de Orfeo.
Émile Lévy, 1866.

las marcas de nivel en el muro del podio, dio una señal. Apareció entonces una barca de fondo plano, llena de bellas muchachas, con guirnaldas de flores que cantaban como acompañamiento a la canción. Como las muchachas iban totalmente desnudas, excepto por unas gasas finísimas que flotaban con el movimiento de la barca y se enrollaban en torno a sus muslos, la multitud dejó de abuchear y empezó a interesarse por lo que pasaba. Ahora que se podía escuchar la música, el cantante redobló sus esfuerzos y las jóvenes cantaban tan alto como les era posible, moviendo sus brazos al ritmo de la música y echando sus hombros bien hacia atrás, de manera que sobresalieran sus pechos, con los pezones cuidadosamente coloreados. Mientras tanto, se había introducido una novedad. Los esclavos estaban haciendo salir de jaulas y cajones varios cocodrilos y seis hipopótamos, que eran arrojados a las aguas que se iban elevando rápidamente. La multitud empezó a aplaudir.

La barca, movida por remeros ocultos en su interior, se acercaba a la montaña donde Orfeo estaba sentado entre las flores, cantando los versos de la inmortal oda. El agua era tan clara que la multitud podía ver cómo nadaban en ella los grandes cocodrilos, de casi cinco metro de largo, deslizándose como sombras, y a los poderosos hipopótamos, caminando sobre el fondo como si estuvieran en tierra firme. De vez en cuando, uno de los hipopótamos salía a la superficie, resoplaba dos columnas de agua al aire y volvía a sumergirse. La multitud observó el espectáculo unos minutos y luego comenzó a impacientarse de nuevo.

El Director de los Juegos era un experto en controlar los tiempos. Tenía que sentir al segundo cuándo la multitud ya había tenido bastante. Así que hizo otra señal.

Instantáneamente se abrieron una serie de puertas ocultas a los lados de la montaña y aparecieron una serie de fieras salvajes: leopardos, osos, lobos y panteras negras. Orfeo, absorbido en su cantar, no se dio cuenta de los animales, hasta que una pantera, que paseaba por la hierba artificial, apareció frente a él. El músico, aterrorizado, quedo atónito, pero continuó cantando, mirando alrededor con desesperación e intentando hacer una señal al Director de los Juegos para que se diera cuenta del error que se había cometido. Las muchachas seguían cantando alegremente, lanzando pétalos de rosa hacia Orfeo y pidiéndole que les dejara oír su voz dorada una vez más.

Pero el desgraciado cantante no tenía ya mayor interés en educar al populacho romano. Tiró la lira y empezó a correr desesperado por la montaña, pidiendo ayuda. La multitud reía hasta ponerse mala. Era bien sabido que los elegantes griegos se consideraban superiores a sus conquistadores romanos y allí estaba, una de esas afeminadas criaturas haciendo una verdadera exhibición de cobardía. Además, todo este cambio había sido totalmente inesperado, lo que es un elemento básico del humor. Un hombre gritó: «De acuerdo, vosotros los griegos que pensáis que son tan cultos, ¡enseñadnos cómo amansáis a las fieras con vuestra música!» y la multitud estalló en otro ataque de risa.

El desgraciado Orfeo rodeó una roca y se encontró cara a cara con un leopardo. El animal, asustado, retrocedió y luego saltó sobre el hombre. Sus garras se engancharon en la toga del griego y hombre y bestia cayeron al suelo, el leopardo loco de miedo e intentando soltarse. Con la visión de la lucha, aparecieron dos lobos que empezaron a atacar al hombre. Y uno de los osos, entrenado como devorador de hombres, al ver la lucha comenzó a acercarse. Se mantuvo cerca, balanceando su largo cuello hacia atrás y hacia delante, y, de pronto, realizó un rápido ataque. Alejó de un golpe a uno de los lobos y, cogiendo de una pierna al cantante, los arrastró gruñendo hacia sí. El leopardo, todavía agarrado, también fue arrastrado. Los lobos los siguieron esperanzados. Otro oso, que había llegado por el otro lado, agarró al músico por un brazo. Los dos animales desgarraron al hombre mientras que los lobos se lanzaron para acabar el trabajo. El leopardo hizo otro intento frenético para liberarse y esta vez tuvo éxito. Salió disparado por la colina y chocó con otro oso que bajaba para ver lo que ocurría. Los dos animales se enzarzaron en una pelea, mientras que los omnipresentes lobos observaban para hacerse cargo del perdedor.

El músico estaba muerto y los animales luchaban por las partes del cuerpo que estaban esparcidas por la montaña. La multitud estaba muerta de risa y las muchachas de la barca también se reían. Entonces el Director de los Juegos hizo otra señal.

Esta vez pareció que no ocurría nada. Entonces una de las chicas de la barca dio súbitamente un grito de terror. Estaba sentada en la borda y sintió de pronto cómo el agua bañaba sus pies desnudos. La barca se estaba hundiendo. El resto de las chicas se aterrorizó también. Empezaron a saltar y a pedir socorro. Un esclavo desde dentro de la barca había estado observando por un agujero, esperando la señal del Director de los Juegos. Cuando la dio, el esclavo mando quitar unos tapones y la barca empezó a hundirse. Los remeros habían escapado a través de una escotilla y ahora nadaban despavoridos hacia el muro del podio, intentando llegar allí antes de que los cocodrilos y los hipopótamos pudieran alcanzarlos.

Los hipopótamos no son para nada los grandes animales buenos por naturaleza y con aspecto de cerdos que parecen. Todos estos animales son como los toros y con muy mal carácter. Un esclavo tocó a una de estas criaturas. Instantáneamente, el hipopótamo se revolvió, haciendo que el agua se arremolinará en torno a él, y clavó sus colmillos en el cuerpo del hombre. En cuanto se esparció la sangre, los cocodrilos se acercaron, algunas veces mordiendo al hipopótamo en una pata y otras veces unos a otros. La multitud se puso en pie como si de un sólo hombre se tratara a la vista del nuevo espectáculo. La barca, llena de muchachas gritando, estaba ya inundada y algunas de las chicas más determinadas se habían lanzado al agua e intentaban alcanzar a nado la montaña o el podio.

Pocas de ellas lo conseguían, ya que el Director de los Juegos había seleccionado cuidadosamente chicas que no supieran nadar. Aquellas que alcanzaban la montaña eran atacadas por las fieras salvajes, ahora enloquecidas por la escena sangrienta y el sabor del griego muerto. Otras cuantas alcanzaron el muro del podio y se agarraban a él, pidiendo clemencia. El agua alrededor de la barca se agitaba y espumaba mientras los cocodrilos atacaban a las chicas que aún se aferraban a la barca. Dos de los reptiles habían agarrado a una de las muchachas y empezaron a tirar en direcciones opuestas. Uno tiraba de una pierna y otro de un brazo. Un animal gigantesco, que debía pesar más de una tonelada, emergió del agua y agarró a una chica que estaba en la borda. Se sumergió con ella, llevándose a la chica, que gritaba, tan fácilmente como un elefante llevaría una zanahoria. Otros de los enormes cocodrilos intentaban golpear a las chicas con sus colas, para hacerlas caer al agua. La barca, que era de madera, no se hundía totalmente, pero ya no había protección alguna para las mujeres.

Algunos de los hipopótamos se acercaron a la barca, excitados por el ruido y el olor de la sangre. Aunque no son carnívoros, estos animales son tan agresivos como los toros. Sólo sus ojos y sus orificios nasales sobresalían del agua mientras flotaban observando la excitación histérica entre los restos de la barca. La multitud estaba furiosa. La gente gritaba: «¡A por ellas, vagos! ¡Haced algo! ¡Que los quemen!», para que los hipopótamos que no hacían nada fueran puestos en acción mediante jabalinas incendiarias que se les arrojaban.

Uno de los hipopótamos cargó contra la barca. Sacando su cabeza y sus hombros fuera del agua y abriendo su enorme boca, clavó sus dos colmillos en la borda y comenzó a zarandear la embarcación como un terrier zarandea a una rata. La barca sumergida se levantaba y temblaba según las dos toneladas de hipopótamo la zarandeaban. La última de las muchachas cayó al agua y las blancas barrigas de los cocodrilos se agitaron mientras luchaban por conseguir una parte de la presa.

El populacho era ahora incontrolable. Las mujeres se pusieron de pie golpeando con los puños en la espalda de la gente de los sitios de delante y gritando histéricamente: «¡Mata!» ¡Mata! ¡Mata!». Antes de que empezaran los juegos, los jóvenes más listos podían seleccionar las mujeres que se iban a dejar llevar por esta locura e intentaban sentarse a su lado. Cuando les entraba la histeria, las mujeres no se daban cuenta de nada y los jóvenes podían juguetear con ellas mientras chillaban y se estremecían de placer ante el espectáculo sangriento de la arena. Los hombres viejos, ya impotentes, babeaban con regocijo. Incluso los hombres corrientes observaban con la boca abierta, los ojos saliendo de las órbitas para observar cada detalle, y luego se apresuraban en acudir a las prostitutas que se encontraban en los arcos debajo del edificio. Los niños gritaban y bailaban en sus sitios, tanto para aliviar la

Las naumaquias daban pie a todo tipo de anécdotas.

tensión nerviosa como por regocijo de lo que veían en la arena. Sólo en las filas más bajas estaban los entendidos, que observaban con interés desapasionado, comentándose unos a otros la fuerza y la ferocidad de los animales y criticando el tipo de las muchachas según eran arrastradas a la muerte.

Desde la barrera hermética que se había erigido en la Puerta de la Muerte, se lanzaron balsas de carrizo y botes de juncos para dos hombres. Las balsas llevaban seis hombres cada una, de raza negra, provenientes de las cataratas del Nilo, armados con arpones. En cada uno de los botes de juncos, que tenían las bordas y la popa exageradamente altas, iba un arponero y un remero. Estas curiosas embarcaciones se dirigieron hacia donde bullía el agua, alrededor de los restos de la barca. Una de las balsas se deslizó silenciosamente hacia un hipopótamo y, a una señal dada, todos los arponeros arrojaron los arpones sobre la inmensa espalda del animal.

Ahora, hasta los displicentes ocupantes del podio empezaron a interesarse por el espectáculo. Toda la arena se convirtió en una masa de espuma, sangre, reptiles luchando, hipopótamos bramando y gritos de los hombres. Aparecieron también varias canoas ligeras. Todas, excepto una, se dirigieron hacia la montaña artificial y desembarcaron varios hombres egipcios. Los *bestiarios* ya habían salido del interior de la estructura y conducían a los animales hacia sus agujeros, utilizando los látigos de varias puntas, con bolas de plomo. Los egipcios se alinearon al borde del agua, erguidos, con los brazos cruzados. Eran hombres con cuerpos magníficos, totalmente desnudos excepto por un taparrabos, y se mantenían tan inmóviles como estatuas. Habían llevado varias redes lastradas, que habían colocado cuidadosamente enrolladas detrás de ellos.

En la otra canoa había un hombre delgado y nervudo, que por el color de su piel parecía mezcla de egipcio y hombre de raza negra. Su canoa estaba tripulada por cuatro remeros expertos que hacían que la embarcación volara. Parecía que dirigiera directamente a los arponeros, mirando al agua y ordenando a los arponeros qué animal escoger y a cuál rematar. La multitud le gritaba furiosamente: «¡No! ¡No!», pero el hombre les ignoraba. Cuando los gritos del populacho se elevaron tanto que parecía que se trataba de una revuelta, Domiciano se volvió a uno de sus asistentes y le dio bruscamente una orden. El asistente desapareció y volvió en unos instantes, trayendo al Director de los Juegos. Éste le dio al emperador explicaciones que parecieron satisfacerle, ya que asintió y continuó contemplando el espectáculo.

El nivel del agua en la arena iba disminuyendo rápidamente, ya que se habían abierto unos canales de desagüe y el agua estaba saliendo más deprisa aún de lo que había entrado. Todos los hipopótamos habían muerto ya o estaban agonizantes y muchos de los cocodrilos también estaban muertos. El hombre delgado de la canoa había desembarcado en la montaña y estaba dando órdenes a los demás. Levantaron las redes y comenzaron a caminar por el agua, que ahora apenas les cubría por la cintura. La multitud enmudeció, presintiendo que iba a ocurrir algo inusual.

El agua estaba tan llena de sangre que era imposible ver a través de ella, pero los hombres palpaban aquí y allá con unas largas pértigas. De pronto, dieron un grito. Hicieron un círculo con la red y comenzaron a arrastrarla hacia la ladera de la montaña. Hubo como una violenta explosión debajo del agua y de pronto apareció un cocodrilo en el centro de la red. Los hombres lo arrastraron a tierra, guiados por su jefe. El cocodrilo luchaba con fiereza, golpeando a los hombres con su enorme cola y cerrando sus mandíbulas con tanta fuerza que el ruido se escuchaba desde la última hilera de sitios, en lo más alto. En cuanto vio una oportunidad, el egipcio que había dirigido toda la operación saltó sobre la espalda del cocodrilo, rodeando el cuello del saurio con sus brazos.

El más sincero de los aplausos, un grito de asombro, surgió de todas las gargantas. Nunca nadie había visto una cosa así. El cocodrilo empezó a girar sobre sí mismo, mientras que los ayudantes del egipcio hacían todo lo posible para evitar que volviera al agua. Uno de ellos cometió el error de intentar agarrar al animal por la cola, y recibió tal golpe que quedó inconsciente. Poco a poco, el egipcio consiguió rodear al saurio con sus piernas y, entonces, haciéndole una llave «media nelson», consiguió darle la vuelta lentamente. Luego agarró al cocodrilo por el hocico, para que el animal no abriera las mandíbulas. Ante esta proeza de fuerza, la multitud gritaba de júbilo y asombro.

Mientras el cocodrilo estaba de espaldas, el hombre soltó cuidadosamente las mandíbulas y colocó una de sus manos en el vientre del animal. Luego se puso en pie, con la palma de una mano hacia el animal y haciendo una especie de pases mágicos al aire con la otra. La gigantesca criatura estaba totalmente quieta, mientras la multitud contenía el aliento. Entonces, el egipcio se giró e hizo una reverencia.

El público estalló en un aplauso, aunque hubo muchos que agarraron sus amuletos e hicieron la señal del mal de ojo, mientras murmuraban: «¡Magia negra!». Cuando pararon los aplausos, el egipcio se dio la vuelta y tocó al cocodrilo con un pie. Después de un par de patadas, el cocodrilo se dio la vuelta y se volvió contra el hombre con la boca abierta, pero los hombres con la red estaban preparados. El saurio fue envuelto en la mallas y arrastrado hacia la arena, ya seca, mientras los esclavos, con equipos de mulas, retiraban los hipopótamos y los cocodrilos muertos.

Carpophorus se las había arreglado para persuadir al médico de que le dejara salir, de manera que pudiera ver el final del espectáculo. Tembloroso aún, tanto por su arranque de ira como por la pérdida de sangre, fue caminando lentamente hasta la Puerta de la Muerte, apoyándose en el muro con la mano de vez en cuando. Nadie le prestó atención. Los gladiadores que iban a participar en el siguiente espectáculo estaban calentando, moviendo sus armas y practicando golpes unos con otros, plataformas y poleas se llevaban rápidamente hacia la montaña artificial para retirarla de la arena, esclavos con carretillas de arena seca intentaban abrirse paso a través de la muchedumbre que venía de la arena y el Director de los Juegos intentaba dirigir este caos organizado. Carpophorus consiguió abrirse paso, perdiendo la paciencia de vez en cuando y golpeando a un esclavo que le empujó, hasta que consiguió ver la hilera superior de asientos y parte del toldo, a través del arco de la puerta. Ahora que ya estaba casi fuera del túnel, pudo escuchar los gritos del público con toda su fuerza. Curiosamente, mientras él mismo luchaba, no era capaz de escuchar al público, porque siempre estaba demasiado concentrado en lo que se traía entre manos. Pero sabía que un grito tan alto significaba que el populacho estaba realmente impresionado y apresuró el paso para ver qué sucedía.

Lo primero que percibió fue el olor de la tierra mojada, mezclado con el hedor de los animales destripados. Carpophorus estaba acostumbrado al olor de la muerte, pero era la primera vez que lo olía mezclado con el olor a humedad. Contempló la lucha del egipcio con el cocodrilo y se interesó en ella, aunque para su ojo experto, también se dio cuenta de que no era tan peligroso como parecía. Aunque nunca había visto una lucha con un cocodrilo, sabía que ya se habían presentado este tipo de luchas en tiempos de Augusto (en la escuela de *bestiarios* su maestro había leído relatos de la lucha, escritos por Plinio y Estrabón). Observó atentamente cómo otros tres egipcios luchaban con los cocodrilos capturados en las redes, siempre entre grandes aplausos. Cuando los egipcios se retiraron finalmente y entraron los gladiadores, precedidos por una banda de música, Carpophorus se las arregló para reunirse con el egipcio en los camerinos y se tomaron un vaso de vino helado.

El egipcio era más afable de lo que Carpophorus había imaginado. Normalmente, a estos «artistas» no les gustaba hablar de sus técnicas, ya que podría robárselas algún rival ambicioso. Pero en esta caso, el hombre estaba halagado de que un romano (y aunque sólo un liberto, Carpophorus era romano) se dignara a elogiar su número. Después de un par de jarras de vino fuerte, el egipcio se relajó.

«Bueno, sí, es un buen número, un buen número», dijo modestamente. «Yo soy de Tentira, que está en el Nilo, al sur de Egipto, y el negocio tradicional de nuestro pueblo ha sido cazar cocodrilos para vender sus pieles». Carpophorus asintió. Casi todas las pequeñas ciudades tenían una profesión tradicional y las pieles de cocodrilo se vendían a buen precio. «Algunos de los jóvenes suelen luchar con cocodrilos de hasta dos metros y medio y tres metros, sólo por divertirse. No es tan peligroso como parece, si se tiene cuidado con la cola y con las mandíbulas. Los cocodrilos son bastante lentos, ¿sabes?, no es lo mismo que enfrentarse con un leopardo o una leona, como haces tú».

«Bueno, cada uno a lo suyo. A mí no me gustaría enfrentarme con un cocodrilo de seis metros», dijo Carpophorus, volviendo a llenar el vaso de su amigo y haciendo ya planes para añadir la lucha con cocodrilos a su repertorio.

«Se necesita práctica, pero con suficiente impulso se puede dar la vuelta a un cocodrilo como se le daría a una persona. Quizá no a uno de seis metros. Uno de esos pesaría más de una tonelada, pero además no siempre se hacen tan grandes. Con el que me has visto luchar era de unos cuatro metros y medio y ya era un cocodrilo bastante grande».

«Hubiera jurado que era más grande», dijo Carpophorus, intentando halagarle. «¿Qué hechizo utilizaste para inmovilizarle boca arriba?».

«Oh, eso era sólo de cara al público. Piensan que los egipcios somos magos. Cualquier cocodrilo al que pongas boca arriba se queda así de quieto. No sé por qué, simplemente les pasa eso».

«¡Pero hará falta mucha fuerza para mantenerle la boca cerrada!», exclamó Carpophorus con admiración.

«Nada de eso. La fuerza de las mandíbulas del cocodrilo es para cerrar la boca. Ahí sí tienen muchísima fuerza. Pero casi cualquier hombre puede mantenerles las mandíbulas cerradas».

«Bueno, bueno, parece que sabes de lo que hablas», dijo Carpophorus, mientras pensaba para sí lo tonto que era aquel hombre que le estaba dando tanta información. En los siguientes juegos, Carpophorus haría su propia exhibición de lucha con cocodrilos.

«El gran problema es domarlos», continuó el egipcio, acercando su vaso para que le echaran más vino. «Algunos de los cocodrilos sagrados están muy amaestrados. Los sacerdotes los llaman para que salgan del agua y entonces los alimentan comiendo de sus manos. Si un cocodrilo no está amaestrado, no llega a alimentarse en cautividad. Además, los cocodrilos son demasiado nerviosos como para atacar a un hombre que nade, a no ser que vea a otros que lo están haciendo».

«Tenemos el mismo problema con los leones», dijo Carpophorus. «Dentro de cada grupo de leones tienes que poner un verdadero devorador de hombres. Una vez que vean que este león entrenado empieza a matar, los otros se unirán a él».

«Sí, me hago una idea de cómo trabajáis. Hay un cocodrilo muy dócil en un gran lago en el corazón de África. Mide casi siete metros y medio y debe pesar tanto como un elefante. Los nativos lo utilizan como juez y ejecutor al mismo tiempo. A los sospechosos de cometer algún crimen se les conduce a la orilla del lago y los sacerdotes llaman al cocodrilo tocando los tambores. El cocodrilo sabe lo que significan los tambores y viene nadando por el lago y se arrastra hasta la orilla. Entonces se le empuja hacia la víctima mediante unas pértigas. Si el cocodrilo se come al hombre, se considera que era culpable. Si, por algún motivo, el cocodrilo no le hace caso, entonces se le libera. El cocodrilo está ya tan viejo y débil que ahora un nativo tiene que ayudarle a arrastrarse hasta la orilla, tirándole de la cola. Me gustaría poder conseguir ese animal. ¡Menudo espectáculo para Roma!».

«¿Pero cómo conseguirías que el primero que escogieras fuera el domesticado?», preguntó Carpophorus como por casualidad, volviéndole a llenar el vaso.

«Eso, querido amigo, es un pequeño secreto», dijo el egipcio con calma, mientras vaciaba el vaso y se levantaba. «Tengo que ir a ver cómo están los cuatro cocodrilos que hemos salvado. Son nuestros animales entrenados y no podemos dejar que los maten. Muchas gracias por el vino. Pero ten cuidado, no te vayas a emborrachar y a ir contando luego por ahí tus secretos».

Negro bastardo, pensó Carpophorus mientras observaba cómo se iba el egipcio. ¿Quién piensa que puede robarle su asqueroso numerito? Esto es lo que pasa con estos egipcios, siempre suspicaces. ¡Espero que se lo coma uno de sus malditos cocodrilos la próxima semana, en los juegos de Verona!

VIII

Era ya mediodía. Los gladiadores que habían salido tras la caza del cocodrilo eran los *meridiani*, hombres de segunda fila que luchaban al mediodía, cuando los patricios se iban a casa a comer y sólo quedaba la plebe. En las gradas, se abrían las cestas de comida, se sacaban las frascas de vino y el populacho picaba algo mientras los infortunados de allí abajo luchaban hasta la muerte.

Durante el transcurso de este período de inactividad, el Director de los Juegos tuvo tiempo para ir a hablar con Carpophorus. «¿Cómo te encuentras?», le preguntó, mientras observaba la gran cantidad de vendajes ensangrentados que cubrían el costado derecho del *venator*.

«Me encuentro muy bien», respondió Carpophorus algo resentido. Como cualquier *bestiario* experimentado, odiaba recordar que algún animal, aunque fuese un tigre, le había arrebatado lo mejor de sí mismo.

El maestro de los juegos le daba vueltas a una cuestión. «Justo después del mediodía, tendremos un holocausto de prisioneros. Los leones los matarán, pero quisiera reservar hasta mañana a los mejores devoradores de hombres. Si los sacamos hoy, se atiborrarán, y para las festividades programadas para mañana, que serán muy celebradas, ya estarán ahítos. Pero no queremos que el espectáculo se ralentice. Los leones nuevos tienen que atacar enseguida a los prisioneros; no correr alrededor de la barrera o agazaparse en la arena».

«¿Y yo qué quieres que haga?», gruñó Carpophorus. «Los leones salvajes no atacarán a nadie si no están en la arena los devoradores de hombres entrenados».

«No me discutas, sólo piensa qué hacemos», replicó fríamente el Director de los Juegos. «Acuérdate de que aún tenemos cinco días más de juegos por delante. Contéstame así otra vez y te dejo delante de un tigre con las manos atadas a la espalda». El Director de los Juegos se alejó a grandes zancadas.

Después de rezongar para sí mismo, Carpophorus empezó a pensar. No era la amenaza del Director de los Juegos lo que le molestaba; era su propia reputación como *bestiario* que podía obrar milagros. Se sentó un rato con la cabeza entre las manos, gruñendo a los esclavos que arrastraban por los pies a los *meridiana* muertos, pero se negaba a moverse del pasillo. Entonces se le ocurrió una idea y, levantándose dolorido, se dirigió hacia los fosos más profundos donde estaban confinados los prisioneros.

Descendió una rampa tras otra. Los prisioneros condenados a muerte en la arena se podían movilizar con más facilidad, por lo que eran encerrados en niveles más bajos que los animales, cuyas celdas estaban en el nivel superior. Carpophorus rara vez bajaba allí, así que tuvo que preguntar constantemente el camino a los guardias que vigilaban en los descansillos, los cuales tenían antorchas encendidas colgadas de los soportes de la pared. Al fin alcanzó el nivel que buscaba y, después de una larga caminata y muchas vueltas, llegó frente a la puerta de roble tras la cual esperaban encerrados los prisioneros condenados a morir esa misma tarde.

Eran judíos, capturados durante una de las muchas incursiones por sorpresa que se hacían en Palestina.

Masada, una ciudad judía rebelde.

Carpophorus recordaba vagamente algo sobre el asunto. Se habían sublevado los tres pueblos en lo alto de las colinas de Masada. No podía recordar el porqué. ¿Quizá porque habían protestado contra las águilas de los estandartes de los legionarios, por considerarlas como imágenes labradas, o quizá porque habían atacado a una caravana que pertenecía a samaritanos, o algo así? De todas formas, les había costado tres meses de campaña conseguir expulsarles de los fuertes en los precipicios y todos los hombres, mujeres y niños habían sido condenados a morir en la arena. Los judíos siempre habían sido problemáticos, pero si no hubiese sido por ellos, el Coliseo no se hubiese construido nunca. Tras la caída de Jerusalén en el 72 d.C., trabajaron doce mil prisioneros judíos en la construcción del gran edificio y después murieron en la ceremonia de inauguración.

Los centinelas de la puerta descorrieron los pesados cerrojos, haciéndole preguntas suspicaces sobre sus pronósticos de los combates de gladiadores que se iban a celebrar esa tarde. Carpophorus sabía poco sobre los gladiadores, pero les recomendó apostar a favor de Negrimus contra Priedens y entró en el oscuro cuartucho. En este nivel, la escasa ventilación venía del piso de arriba y no del exterior y no había más luz que la que proyectaba la antorcha en el soporte de la pared. La gente estaba entonando cánticos en lengua extranjera y Carpophorus los observó. La mayoría eran mujeres, niños y ancianos de largas barbas. Casi todos los hombres jóvenes habían muerto en combate. Esto encajaba perfectamente con los planes de Carpophorus.

Los prisioneros le ignoraban y tuvo que dar un grito para que parasen de cantar. Por fin terminó el himno y Carpophorus dijo: «¿Hay alguien que hable latín?».

Nadie respondió, así que Carpophorus lo intentó en griego.

Un anciano le contestó en la misma lengua: «Yo hablo griego, pero que quede claro que no soy saduceo, ni tengo simpatía por aquellos de mi pueblo que aprenden otras lenguas y adoptan otras costumbres».

«Vale, vale», se impacientó Carpophorus. «Tengo que haceros una propuesta. La manada de leones que vamos a sacar es salvaje y no atacarán a menos que hagáis lo que yo os diga. Ahora esperad un momento», continuó, levantando la mano. «Si los leones no atacaran, significaría que tendríamos que sacar osos o perros salvajes que os matarían mucho más lentamente que los leones. Aquí viene mi proposición. Hay un montón de niños. Sólo os acompañarán a la arena los que estén enfermos o tullidos, ya que esos iban a morir de todas formas. Yo utilizaré mi influencia con el Director de los Juegos para que el resto sean vendidos como esclavos. Lo juro por mis dioses».

«Estoy seguro de que todos preferimos morir juntos», dijo el viejo rabino con dignidad. «No obstante, les repetiré tu oferta».

Él les tradujo mientras Carpophorus aguardaba con impaciencia. La falta de oxígeno del cuarto le estaba mareando y el hedor era nauseabundo. No había baños y aquellas gentes llevaban allí confinadas más de una semana. No era pues sorprendente, reflexionó Carpophorus, que los prisioneros saliesen ansiosamente a la arena, como si les diesen la libertad. Cualquier destino era mejor que permanecer allí encerrados, y poder respirar un poco de aire fresco durante algunos minutos, antes de ser devorados por las bestias salvajes, era todo un lujo. También se dio cuenta en ese momento de por qué estos holocaustos tenían lugar el primer día de los juegos. Los prisioneros debían salir lo antes posible de aquellas celdas antes de que muriesen allí todos.

Cuando el rabino terminó de repetir el mensaje, hubo un grito desgarrado de las mujeres. Chillaban, pegadas a sus hijos, y se balanceaban hacia delante y hacia atrás, en el éxtasis del dolor. Muchos hombres se vinieron abajo y cubriéndose la cara con las manos, comenzaron a llorar profusamente. Carpophorus observaba con disgusto aquella exhibición tan emotiva. Como buen romano, había sido entrenado para ocultar sus sentimientos. Estaba sorprendido de cómo el rabino no parecía inmutarse ante el revuelo que se había producido, todo el mundo intentando hablarle a la vez, agitando las manos, rasgándose los harapos que llevaban y tendiéndole las palmas de las manos en busca de ayuda. El rabino atendía con calma a sus arrebatados compañeros, preguntando a veces y sacudiendo la cabeza. Por fin, se volvió hacia Carpophorus.

«Sigo pensando que sería mejor que muriésemos todos juntos, pero las mujeres son débiles, así que aceptamos tu oferta. ¿Qué quieres que hagamos?».

Carpophorus estaba preparado para la pregunta. La técnica que empleó para la explicación fue empleada después por Eusebio, uno de los padres de la primera iglesia, entre los mártires cristianos. Exactamente la misma técnica que emplean hoy en día los cazadores blancos en África para inducir al ataque a los animales que quieren fotografiar o para se coloquen más a tiro.

«Bien, lo primero es que entendáis la forma de pensar de estos animales», comenzó a explicar con mucho brío. Éste era su fuerte y sentía desprecio por aquellos infieles ignorantes que no sabían nada sobre los mecanismos mentales de los grandes felinos. «Mucha gente cree que dejar morir de hambre a un león o a un tigre les hace despiadados. Yo he visto felinos tan desnutridos que, cuando salen a la arena, caen a los pies de la gente que se supone tendrían que comerse y se desploman muertos». Carpophorus sacudió la cabeza como entristecido por tamaño error. «Dejar a un felino desfallecer, sólo consigue debilitarle. Tenéis que recordar que la mayoría de los grandes felinos pueden vagar durante mucho tiempo sin comer y entonces dejan de segregar jugos gástricos. Incluso cuando están tranquilos en su jaula, es difícil hacerles comer bajo estas circunstancias, imaginaos lo que debe ser convencerles para que ataquen a una presa extraña en el espacio abierto de la arena y con esa multitud dejándoles sordos con sus chillidos».

«¿Qué es exactamente lo que pretendes que hagamos?», preguntó el rabino pacientemente.

«Ya voy a ello», gruñó Carpophorus. «Si tu gente se queda parada, los leones salvajes no les prestarán ninguna atención. Intentad recordar que no desprendéis el mismo olor que sus presas habituales, por lo que esos pobres animalitos ni siquiera saben que podéis resultar sabrosos. Trataremos de arreglar esto cubriéndoos con alguna piel de cebra o de antílope para que os parezcáis un poco más a una de sus presas. Si en ese momento os ponéis a chillar o a correr alrededor, los asustaréis. Los leones son unas criaturas muy sensibles. En estado salvaje, sólo cazan de noche, cuando no hay luna, normalmente es la hembra la que caza, debe hacer buen tiempo…, y en fin, un montón de factores que nosotros no podemos reproducir aquí. Así que no empecéis a gritar y a chillar, como están haciendo ahora mismo esas mujeres, o les asustaréis hasta hacerlos vomitar».

«La mujeres permanecerán calladas, te lo prometo», dijo el rabino con calma.

«Bien, la situación es la siguiente. Recordad que la nobleza está sentada en los palcos frente a vosotros y sólo las joyas que llevan valen mucho más que todos vosotros juntos. Entiéndeme, no es nada personal, es un hecho. Bien, ahora intervenís vosotros. Estaos tranquilos y separaos un poco, para no formar una masa compacta. Entonces agitad ligeramente las manos y balancead suavemente el cuerpo; lo justo para que los leones se den cuenta de que estáis vivos. Cuando perciban que estáis vivos, pero que no sois peligrosos, atacarán. Recordad, ningún movimiento rápido ni ruidos fuertes. Tan fácil como eso».

«No lo sabréis nunca», contestó Carpophorus con franqueza. «¿Pero qué tenéis que perder? Los niños morirían de todas formas».

El rabino afirmó con tristeza: «Es verdad» y se dirigió a sus compañeros. Hubo más gritos y sollozos mientras Carpophorus escuchaba cada vez más cansado. Al fin, el rabino habló: «Escoge a los niños que se salvarán, si es que se puede entender por salvar ser vendido como esclavos.» Y se alejó, para no contemplar la escena.

Carpophorus se acercó a la multitud. Las madres, preocupadas, empujaban hacia delante a los hijos, arreglándoles el pelo con ansiedad, sonándoles la nariz y estirando sus harapos para darles un toque de pulcritud. Carpophorus hizo rápidamente la selección. La madres se agarraban a sus hijos, ya fuesen rechazados o seleccionados, sollozando sobre ellos, mientras los niños observaban a Carpophorus con curiosidad y trataban de tocar su suave túnica y la hebilla brillante de su cinturón.

Carpophorus llamó al centinela y le ordenó que se asegurase de que no se mezclasen los dos grupos. Después se fue a buscar al Director de los Juegos.

Éste estaba supervisando la reconstrucción de la barrera interior. En aquel momento, la barrera se estaba construyendo con rocas de yeso que representaban las montañas de Masada. Una maqueta de la ciudad más importante, construida originalmente por el Gran Herodes en el 50 a.C. aproximadamente, se incorporó hábilmente entre las piedras artificiales. Los escenarios utilizados en los espectáculos eran tan complicados que ni siquiera los vastos almacenes bajo el Coliseo podían albergarlos, por lo que este *atrezzo* se había guardado en estancias bajo el cercano Templo de Venus. Los leones entrarían en la arena a través de aberturas entre las rocas, como si saliesen de sus guaridas.

El resto de los *meridiani* todavía luchaba en la arena para entretener al pueblo, mientras ultimaban la puesta en escena.

Carpophorus le explicaba al Director su trato con los prisioneros judíos y éste asentía distraídamente mientras vigilaba el trabajo.

«Está bien. Nos quedarán un montón de prisioneros para hacer un buen espectáculo. Los babuinos pueden acabar con los niños extra. ¿Hay muchas niñitas entre ellos?».

Carpophorus comenzó a sentirse incómodo. «Le prometí al viejo rabino que los vendería como esclavos».

«¿Que tú prometiste? ¿Crees que un maldito *bestiario* es el que dirige todo esto?».

«Lo juré por mis dioses».

«Vale, comete perjurio entonces. ¿Tú crees que un juramento hecho a los rebeldes tiene algún valor ante los dioses?».

«¿Por qué no? Soy un romano libre. Ante los dioses, mi juramento es tan válido como el del emperador».

El maestro le miró con curiosidad. «¿Te estás haciendo blando con la edad? Está bien, veré que puedo hacer. Pero recuerda que lo que llevo es el espectáculo de la arena no un mercado de esclavos. Empieza a llevar los leones hacia la pared de la barrera».

Carpophorus echó una ojeada hacia las gradas. El podio se estaba llenando otra vez porque los patricios regresaban de su almuerzo. El Director gritó a los *meridiani*: «Terminad con eso ya o lo haré yo por vosotros con hierros candentes». Carpophorus se fue para ayudar con los leones.

Los leones esperaban en cuartos mucho mejores que los de los prisioneros. Sus celdas (que todavía hoy se pueden ver en el Coliseo) estaban situadas dentro de la pared del podio, pero bajo el nivel de la arena. Cada celda tenía unos dos metros y medio de profundidad y aproximadamente dos metros de ancho. Un canal de agua corría por de-

Entrada en la arena de esclavos condenados a muerte.
Museo Ashmolean, Oxford.

lante de las celdas para que los animales tuvieran siempre
agua fresca. La cañería de plomo y las llaves de paso de
bronce de este sistema aún funcionan. Justo entre las celdas
y el suelo de la arena había una serie de pasadizos para que
los esclavos pudiesen realizar sus tareas deprisa sin mo-
lestar a las bestias. En el suelo de los pasadizos había estrechas aberturas hacia las celdas, por las que se arrojaban pajas encendidas para forzar a salir a los confinados
a los pasadizos inferiores. Desde ahí se guiaban hasta la
arena a través de rampas, cubiertas con un entramado en
forma de espiga para conseguir una mejor adherencia de
sus garras en el suelo.

Carpophorus fue hasta el segundo nivel para realizar la
revisión de las celdas. Cada puerta era una rejilla de hierro
que oscilaba sobre un gozne contra la pared del pasadizo
inferior. Esta puerta era casi tan grande como toda la celda
entera, para que el animal, asustado por las pajas encendidas,
no tuviese dificultad en encontrar la abertura y correr hacia
el pasadizo antes de sufrir quemaduras o sofocarse con el
humo. En cuanto el animal salía de la celda, la rejilla de

hierro se cerraba de golpe detras de él y se empujaba la barrera móvil a lo largo del pasadizo, obligándole a subir por la rampa que llevaba a la arena. Con este sistema, los esclavos, situados frente a cada puerta, podían abrir simultáneamente toda una fila de celdas para que los animales se apresurasen a salir a la arena. Es difícil explicarse cómo los esclavos situados en ese momento entre los animales y la barrera móvil eran capaces de quitarse de en medio a tiempo. Probablemente, no siempre lo conseguían. Pero, qué más daba, los esclavos salían baratos.

Carpophorus no quería que los leones quedasen encajonados en la barrera más tiempo del imprescindible. Por otra parte, tan pronto como Domiciano volviese de la comida y se instalase de nuevo en el palco real, daría la señal de comienzo de los juegos vespertinos y era conveniente que los leones hubiesen empezado ya a salir de la pared de la barrera cuando agitase su mano real. Carpophorus, al caminar a lo largo de los pasadizos, pasaba ante los esclavos que estaban junto a los numerosos soportes de bronce (todavía están allí) que sostenían los cabrestantes que izaban las jaulas por las rampas y hacían funcionar aquella especie de ascensores. Después de asegurarse de que los esclavos estaban preparados con las pajas en el pasadizo superior y que había un hombre ante cada rejilla en la sección inferior, Carpophorus volvió a la arena. Los patricios habían vuelto al podio, así como la nobleza extranjera que, por supuesto, había aprovechado el descanso para emborracharse bien. El joven *editor* también estaba ya en su palco. Carpophorus se fijó en que el joven patricio estaba en peor forma que los judíos que llevaban una semana en las celdas del subsuelo.

Un esclavo aterrorizado corrió hacia él. «¡En el nombre de Venus! ¿Dónde te has metido? El Director de los Juegos está furioso. El emperador está llegando por el pasillo que lleva a los baños de Tito y los leones no están en su sitio. El maestro dice que si tú no...

Carpophorus no esperó para oír el resto. Los emperadores habían construido, a su conveniencia, tres pasadizos subterráneos, uno conectaba el Coliseo con el palacio, otro con los baños y el tercero con el monte Laterano. Nunca se sabía cuál de los tres iban a utilizar. Al tiempo que Carpophorus descendía corriendo a los pasadizos, iba gritando a los esclavos del nivel inferior para que abriesen las puertas de las celdas. Inmediatamente se escuchó el chirriar de los goznes al ser empujados hacia atrás y los esclavos del pasadizo superior encendieron sus pajas y las echaron a través de las ranuras.

Desde abajo llegaron rugidos, gruñidos y gritos sofocados cuando las pajas encendidas cayeron a las celdas, después se escuchó el estrépito producido al cerrarse las rejillas de golpe, el chirrido de la barrera al empujarse hacia delante y los potentes gruñidos de los animales desesperados. Se apiñó a los leones sobre plataformas móviles, similares a montacargas, que los elevarían hasta la barrera interior en la arena. Cuando se empujó con la barrera móvil a los leones de cada fila de celdas hacia las plataformas, a una señal del esclavo capataz, los demás comenzaron a girar los cabrestantes y los leones fueron izados ante las hileras de rocas artificiales que estaban sobre ellos.

Había un esclavo observando por una ranura en la pared del podio, que informaba a Carpophorus con mensajes cortos de lo que sucedía arriba. «El emperador está entrando en su palco. Se para a conversar con Livia. Ahora saluda al pueblo. Ahora habla con el niño *cabeza de alfiler* que siempre tiene al lado. Ahora se dispone a sentarse».

Carpophorus salió corriendo por la Puerta de la Muerte y se metió en una abertura entre las piedras de yeso. Los leones estaban en las jaulas preparadas para ellos, su suelo eran las plataformas móviles. A una señal convenida, tenían que hacer que los leones saltasen a la arena desde sus jaulas.

Mientras tanto, habían introducido a los prisioneros judíos en otro ascensor que les elevaría hasta el decorado de la ciudad, que alguna vez ellos habían llamado «su hogar». Cuando Domiciano dio la señal de comienzo de los juegos vespertinos, los judíos abrieron las puertas del decorado de la ciudad y salieron al resplandor de la arena. Como había ordenado Carpophorus, iban cubiertos con pieles de animales. Los cautivos fueron recibidos con abucheos, imprecaciones y gritos. «¡Perros circuncidados! ¡Traidores! ¡A ver cómo os salva ahora vuestro Dios! ¡Que suelten a los leones!».

Las traseras de las jaulas, que estaban en el interior de la montaña artificial, eran móviles y se podían empujar para que saliesen los leones a la arena. Las puertas se abrieron entre las rocas y como se habían empujado las traseras, los leones comenzaron a salir a la arena. Carpophorus curioseaba con ansiedad a través de la mirilla.

Los leones, más que andar, se escabullían por la arena o corrían dando vueltas junto a la barrera interior, buscando la manera de escapar. Algunos saltaban y se agarraban al yeso de las rocas con las garras por algunos segundos y después caían de nuevo. A veces, un león que corría dando vueltas se giraba de repente y atacaba al león que tenía detrás.

Había gruñidos furiosos, zarpazos como relámpagos con las enormes garras y entonces los combatientes se separaban para reanudar su ansioso ir y venir. Alguno que otro se acercaba a la multitud de gente en medio de la arena, los observaba y se retiraba de nuevo.

Los niños que finalmente quedaron con el grupo, comenzaron a llorar y algunas mujeres se habían mareado. Algunos hombres intentaban entonar un himno, pero les temblaba la voz ante la visión de las terribles bestias que les rodeaban y el sonido fue languideciendo. Una leona rodeaba al grupo nerviosa, sin saber qué hacer. Carpophorus vio que el anciano rabino daba un paso hacia delante y comenzaba a agitar suavemente las manos como él le había indicado. La leona retrocedió. Un macho joven con una melena anaranjada, que había estado escarbando en la arena, o bien buscando agua, o bien porque le olía la sangre que se había derramado al arrastrar los cuerpos tras los combates de los *meridiani*, bajo la tierra ya limpia, miró hacia arriba y gruñó al rabino. El rabino dio unos pasos más. Después de todo, reflexionaba Carpophorus, no hay razón para no aca-

A pesar de cierto hieratismo, los mosaicos reflejan con crudeza la terrible intervención de los leones en los espectáculos circenses del Imperio.

bar con el asunto de una vez. Lo que estaban sufriendo ahora era mucho peor que la propia muerte.

El león se agazapó para saltar. Carpophorus observaba el rabo del animal. El hombre se balanceó ligeramente de un lado a otro. De repente la punta del rabo del león comenzó a moverse. «Ya va, ya va», pensaba Carpophorus. «Otro pasito más y lo consigues. ¿Por qué no das otro pasito, tonto?». Estaba a punto de gritar al hombre, pero se contuvo. Su voz podía asustar al león.

Entonces vio como el león se encogía preparándose para el ataque, escarbando con las zarpas para agarrarse mejor. El rabino se balanceó de nuevo. El ataque del león fue tan rápido que antes de que Carpophorus le viese abandonar la arena, ya estaba sobre el hombre. El rabino cayó y se escuchó un grito entre el público. El león agarró al hombre por la cintura y corrió con él tan fácilmente como lo haría un gato con un ratón, buscando un sitio apartado donde poder comer en paz. Un joven león de Nubia con la melena negra corrió hacia él y agarró al hombre por la cabeza. Las mujeres gritaban de nuevo.

Al olor de la sangre, los otros leones se espabilaron. Una leona cargó contra el grupo compacto, saltando en el aire y cayendo en medio de todos, dando zarpazos a diestro y siniestro. Dos leones, aún no adultos, posiblemente de su camada, la siguieron. Los prisioneros se dispersaron como hacen las ovejas cuando el perro pastor corre al medio. Los leones atacaban según pasaban ellos, más por temor que por hambre. Un grito y caía una mujer. Otro grito y era un niño, con la cabeza destrozada de un terrible zarpazo. Un macho adulto rugió y atrapó a un hombre. Su cabeza desapareció entre las fauces del león. Una mujer era arrastrada de una pierna por toda la arena por un cachorro. Éste sacudía la cabeza y gruñía tratando de derribar a la mujer.

Ahora Carpophorus podía oír el grito enloquecido y desnaturalizado de la multitud. Como afirmaba Petronio, el árbitro de la elegancia, con desdeño, «Aquellos andrajosos paladean su carnaval sangriento». Ese grito no se parecía a la habitual aclamación de un público excitado durante las carreras de cuadrigas, o los gritos de entusiasmo que merecía la exhibición de una buena lucha con espada. El tono de las voces del populacho era como el aullido de los sabuesos al tener acorralada a su presa. Carpophorus sabía que cuando el populacho llegaba a este clima de excitación había veces que hombres y mujeres se lanzaban a la arena, presas del éxtasis y bebían de los charcos de sangre que había en el suelo. Sabía que las mujeres se arañaban las mejillas con las uñas y los hombres golpeaban los asientos de mármol con los puños hasta dejárselos en carne viva. La existencia vana y aburrida que llevaban los romanos hubiera sido insoportable si no hubiera sido por esos pequeños momentos de emoción. Para eso existían los juegos. Muerte, tortura y sangre eran los únicos espectáculos que podían complacer los deseos más básicos de aquella gente. Se emborrachaban con el sufrimiento. Muerte y sexo eran las dos únicas emociones que podían experimentar. La visión de un león despedazando a una mujer que gritaba satisfacía los dos instintos al mismo tiempo.

Los judíos habían muerto. Los leones devoraban sus cuerpos. Los grandes felinos tiraban de los cadáveres entre

Un felino matando a un hombre. Otro fragmento del mosaico de la Domus Sollertiana en El Djem (Túnez).

ellos y se oía con claridad el crujir de huesos. Carpophorus se apartó de la mirilla. Sabía lo que venía después. Los leones no se salvarían como pasaba con los devoradores de hombres ya entrenados y la arena debía quedar lista para la siguiente actuación.

Arqueros etíopes, magníficos bajo tocados hechos de plumas de avestruz, intentaban abrirse paso por los pasillos atestados hacia las balconadas orientadas hacia el borde del podio. Aunque Carpophorus se había vuelto para marcharse, podía oír el ruido de las cuerdas tensas de los arcos al soltarse y el rugir de las bestias heridas. Cuando abandonó la barrera interior, los esclavos ya estaban arrastrando con ganchos a los animales y las personas muertas, llevando cestas con arena limpia y tarros de perfume para esparcir por el suelo.

El perfume era muy necesario. En el podio, los patricios sostenían saquetes de olor bajo su nariz e incluso los plebeyos se habían tapado la cara con pañuelos. En el hirviente estadio, la sangre y los deshechos que cubrían la arena, hedían. Los esclavos estaban colocando braseros que quemaban incienso y las fuentes lanzaban chorros de agua perfumados con azafrán y verbena. Carpophorus se dio cuenta de que el joven *editor* estaba levantándose en su palco para intercambiar bromas con el público, para demostrarles lo democrático que era. La multitud le devolvía las bromas afablemente. Después de todo, los juegos habían salido mejor de lo habitual y el populacho se mostraba amigable con el hombre que optaba al cargo. Pero si los juegos de los días siguientes no mantenían ese buen nivel, no le votarían, aunque el joven y su madre se hubiesen arruinado sólo para entretenerles.

La barrera interior se había cerrado de golpe y la arena estaba lista para las carreras de cuadrigas. En realidad, estas carreras eran una chanza, ya que las verdaderas carreras se hacían en el Circo Máximo, que había sido especialmente diseñado para eso. Para satisfacer la demanda de carreras, Domiciano había aumentado los cuatro grupos originales a seis, añadiendo los colores Púrpura y Dorado a los ya existentes. Durante los Juegos del Siglo, se celebraron cien carreras diarias, acortando a cinco las siete vueltas alrededor de la columna, para agilizar el espectáculo. Sin embargo, a pesar de lo extensa que era la arena del Coliseo, no lo era lo suficiente como para permitir maniobrar a los seis grupos de cuadrigas, por lo que estas carreras se convirtieron en una simple pantomima.

La primera carrera era entre carros guiados por avestruces (llamados por el público «gorriones de ultramar»), la siguiente por camellos y la tercera por orix (antílopes africanos). Como era imposible que los aurigas dominasen a esos animales, el resultado era un infame revoltijo, que precisamente era lo que se pretendía. Tras la excitación histérica de la masacre de los judíos, este interludio constituía un alivio cómico. Enanos con disfraces extravagantes corrían junto a los carros asustando deliberadamente a los animales y haciendo que huyeran despavoridos. Uno de ellos fue destripado por la patada de un avestruz, porque olvidó que los avestruces patean hacia delante y no hacia atrás, como los caballos, y el pueblo encontró el incidente como lo más divertido de toda la actuación.

IX

Para entonces, ya se estaba haciendo tarde y era ya hora del principal espectáculo del día. Cuando el sol desaparecía por el borde del estadio empezaba a refrescar notablemente y se enviaba a los marineros a las jarcias de los grandes mástiles para recoger el toldo. Según se recogía, el aire sobrecalentado subía hacia arriba, lo que hacía aún más difícil la labor de los marineros, ya que la gran extensión de tela empezaba a flamear arriba y abajo, aspirando el aire fresco a través de la columnata de arco que rodeaba el edificio. Se escuchaban suspiros de alivio según la multitud se relajaba, los esclavos retiraban los braseros con incienso que ya no eran necesarios, ahora que circulaba el aire, y los patricios se deshicieron de sus saquitos de perfume. El podio estaba más poblado de lo que lo había estado el resto del día. Muchos patricios despreciaban los números habituales de los juegos, pero ahora iban a tener lugar las luchas de gladiadores e incluso los miembros más críticos de la nobleza estaban interesados en ellos.

Precedidos por una banda, los gladiadores desfilaron por la arena, desplegándose tan pronto como salieron, de

manera que cubrieran toda la arena. Saludaron al emperador y al joven *editor*, que estaba apostando frenéticamente
con todo el que estaba a su alrededor. Los gladiadores eran
la única parte de los juegos que disfrutaba realmente el
joven enfermo, ya que, como casi todos los patricios,
se consideraba a sí mismo como un experto en estas artes
viriles. Entre el público había furibundos partidistas, que
animaban a los diferentes grupos con gritos: «¡Hurra por
los puteolanos! ¡Buena suerte para todos los mucenos!
¡Abajo los pompeyanos y los pitecusanos!». Por todos
sitios surgían las disputas entre las distintas facciones.

Los gladiadores constituían un espectáculo magnífico con sus armaduras y sus estupendos equipamientos.
Entrenados para marchar en formación militar, cruzaban la
arena con un paso perfecto.

Cada grupo marchaba junto, con sus armas específicas: los *hoplitas* con su armadura completa, los *mirmillones* con sus curvas cimitarras, los *retiarios* con sus redes y
tridentes, los *paegniarios* con sus escudos de madera y sus
largos látigos, los *essedarios*, en último lugar, en sus carros,
con los lanzadores de lazo a su lado. Había muchas clases
de gladiadores y muchos tipos de armas, pero el populacho no sólo conocía cada clase, sino también a casi todos
ellos, por su nombre.

Por entonces, los gladiadores aún eran un grupo muy
entrenado de profesionales que luchaban con un orgullo
tremendo como vocación. Tenían una gran tradición en la
que apoyarse. Cien años antes, los gladiadores de Marco
Antonio, a quienes él mismo había entrenado para un gran
combate que se iba a celebrar en conmemoración de su
esperada victoria sobre César Augusto, fueron los únicos
que le apoyaron cuando sus tropas desertaron. Se habían
formado en el ejército e intentaron reunirse con su jefe en
Egipto y, cuando no encontraron barcos que les transporta-
ran, mandaron un mensaje a Marco Antonio pidiéndole
que regresara y los dejara defenderle con sus vidas. Sin
embargo, Antonio no quiso abandonar a Cleopatra. Otros

grupos de gladiadores habían actuado como guardaespaldas de los emperadores. Un importante gladiador era aún la personalidad más conocida del imperio. Horacio escribió amargamente: «Si Malcenas dice que hoy hará frío, se convertirá en la comidilla de toda Roma». Nerón había ordenado que su tumba estuviera decorada con tallas que mostraran las victorias de Patraites. Los niños garabateaban los nombres de los gladiadores famosos en las paredes de sus habitaciones y los posaderos escribían: «Tetraites comió aquí», de igual forma que los restaurantes actuales colocan fotos de celebridades en las paredes.

Pero ya había aparecido la enfermedad que iba a acabar con la más valiente y la más terrible de las profesiones. Se empezó a manifestar cuando los gladiadores empezaron a luchar con las fieras salvajes. Pompeyo ya enfrentó a gladiadores contra elefantes. Claudio hizo luchar a la caballería con leopardos. Nerón forzó a la guardia pretoriana a luchar contra cuatrocientos osos y trescientos leones. Ni los gladiadores ni los *lanistas* sabían cuándo iban a tener que luchar contra osos, leones o toros bravos, según el capricho del público. Mientras los combates fueron hombre contra hombre, había un cincuenta por ciento de posibilidades de supervivencia, o digamos un cuarenta por ciento, ya que había algunos gladiadores que morían de las heridas recibidas, después del combate. Con este porcentaje, merecía la pena para un *lanista* preparar a un gran luchador como Flamma. Pero cuando había que luchar contra un animal salvaje, a menos que se tratara de un *retiario*, que probablemente corría un riesgo sólo un poco mayor que los toreros en la actualidad, las posibilidades de perecer rondaban el noventa o el cien por cien. En estas condiciones, el enorme coste de preparar un gladiador experto no estaba justificado, igual que nadie prepararía a un boxeador si se supiera que iba a morir en su primer o segundo combate.

Como resultado, todo valía para el molino de los gladiadores. Se suponía que un hombre podía ser condenado a la arena sólo por robo, asesinato, sacrilegio o motín. Pero con las enormes pérdidas causadas por las luchas con animales, la demanda de gladiadores excedía con mucho este suministro. En los juzgados el veredicto más común se convirtió en «condenado a la arena». Como el populacho cada vez era más indiferente a una buena pelea con espadas, a cualquier criminal se le colocaba una armadura y se le arrojaba a la arena. Flamma hubiera quedado impresionado por los espectáculos en los que participaban estos hombres.

Sin embargo, los buenos combates eran aún comprendidos y apreciados por gran parte de la plebe. En las gradas había antiguos soldados que sabían cómo se manejaba una espada y los patricios del podio tenían un tradicional interés por estos combates. Hoy, el joven *editor*, o mejor dicho, su severa madre, estaba decidida a dar un espectáculo verdaderamente bueno, del tipo del que un descendiente de Horacio estuviera orgulloso de presentar. Todos los hombres en la arena eran expertos, cada uno en su especialidad, y no habría ninguna farsa. Nada del tipo de ese miserable espectáculo que había tenido lugar en tiempos de Calígula.

En esa infortunada ocasión, cinco *retiarios* se habían enfrentado con cinco *secutores*. Por entonces era bastante común la práctica de que los gladiadores se «tiraran» y el emperador les salvara con la señal del pulgar hacia arriba. Este truco preservaba a los gladiadores bien entrenados y disminuía el coste de los juegos. En esta ocasión, los *secutores* vencieron a los *retiarios*, como estaba previamente arreglado, ya que todos los combates eran tan fingidos como los combates de lucha americana de hoy en día. El populacho se enfureció tanto que Calígula tuvo que hacer la señal del pulgar hacia abajo. En este momento de indecisión, un *retiario* se levantó de un salto, cogió su tridente y mató a los cinco *secutores* que estaban de espaldas, haciendo reverencias a la multitud. Todo el asunto se convirtió en un escándalo público y la plebe sospechaba de cualquier gladiador que cayera al suelo sin presentar heridas evidentes.

Lucha entre un retiario (izquierda) y un secutor. Mosaico en el pavimento de una villa en Nennig. Primera mitad del siglo III d.C.

Después del desfile, los gladiadores abandonaron la arena, excepto los *retiarios* y los *secutores*. Antiguamente solamente había un combate cada vez, pero hoy iban a luchar cincuenta parejas al mismo tiempo. El populacho ya veía los combates de gladiadores como una excusa para apostar, así que mejor cuantos más fueran los combates. La multitud consideraba a los gladiadores como los apostadores a los caballos de carreras: bolas de ruleta animadas o dados diseñados sólo para apostar. Según iban cayendo los hombres sobre la arena ensangrentada se oían las quejas de los que perdían y el grito de alegría de los ganadores. Un gladiador desconocido podía ser perdonado si pedía clemencia después de un buen combate. Era una posibilidad arriesgada y nadie esperaba que ganara. Pero nadie ayudaba a un favorito que fuera derribado por la espada o el tridente de un desconocido. La gente a menudo apostaba los ahorros de toda una vida y él les había hecho perder. Entonces las gradas se llenaban de caras furiosas, con los puños cerrados y el pulgar hacia abajo, o haciendo como que apuñalaban al hombre postrado, con el pulgar extendido. En tales casos, el joven *editor* siempre hacia caso a la multitud. Había organizado los juegos para ganar votos, no para llevar la contraria al populacho.

Carpophorus, una vez finalizado su trabajo por ese día, volvió a la Puerta de la Muerte para ver los combates. Cerca de él, Negrimus, un *retiario*, estaba luchando con Priedens, un *secutor*. Carpophorus recordó el consejo que había dado a los guardias sobre Negrimus y observó la lucha con interés.

Negrimus arrojó la red y capturó al *secutor*, pero antes de que pudiera hacer caer al hombre fuertemente armado, Priedens se abalanzó hacia delante, envuelto en la red y todo, e hirió al *retiario* en el muslo. Negrimus cayó, pero pudo recuperarse y retrocedió lejos del *secutor*, que no podía moverse bien, obstaculizado por el lastre de la red. Priedens golpeó de nuevo, hiriéndole esta vez en el brazo izquierdo que sujetaba la red, mientras que el *retiario* intentaba detener al *secutor* con el tridente que mantenía con la mano derecha. La parte del público que observaba este combate en particular aulló de entusiasmo cuando el *retiario* recibió una herida profunda en una de las piernas que le inmovilizó. Como el *retiario* dependía principalmente de su agilidad para evitar al *secutor* fuertemente armado, Carpophorus supuso ya que los guardias habían perdido el dinero de sus apuestas, pero Negrimus se las arregló para meter el tridente entre las piernas del *secutor* y hacerle caer. Rápidamente, Negrimus inmovilizó a su oponente en el suelo con el tridente y luego, apoyado con ambas manos en el asta, miró al *editor* de los juegos mientras el indefenso Priedens hacía la señal de clemencia.

El público votó por la muerte y el joven *editor* apuntó con los pulgares hacia abajo. Como el tridente es un arma poco indicada para infringir una herida mortal, el *retiario* normalmente acababa con su adversario apuñalándole con una daga a través de la visera, pero Negrimus o había perdido su daga durante la refriega o prefería no usarla. El caso es que optó por pedir a un *secutor*, que se llamaba Hipólito y que había ganado su combate, que matara al hombre derribado en su lugar. Priedens se las arregló entonces para ponerse de rodillas cuando retiraron el tridente e Hipólito le puso la espada en la garganta. Negrimus le empujó por detrás sobre el filo. (Sabemos que esto ocurrió realmente, incluso los nombres de los hombres y los sitios donde fueron heridos, ya que todo esto está contado en imágenes en uno de los muros de Pompeya. Sin embargo, ocurrió en el anfiteatro de esta ciudad y no en Roma, donde hemos situado nuestro relato).

Carpophorus estaba bastante satisfecho con el resultado y decidió buscar luego a los dos guardias para que le dieran un porcentaje de sus ganancias. Como los demás combates no le interesaban y estaba sintiendo los efectos de sus heridas, volvió al *spoliarium* para beber algo y echarse un rato. Después de los primeros combates, ahora había una batalla en toda regla entre *essedarios* en sus carros, con sus *laqueurios* (lanzadores de lazo), contra infantería hoplita con armadura y lanza. Los hoplitas eran mercenarios griegos que luchaban por dinero bajo el mando de sus propios oficiales, ya fuera contra el enemigo o en el circo. Al entrar en la arena, los hoplitas formaban una falange cerrada, el equivalente a los escuadrones ingleses que derrotaron a las tropas de Napoleón mil ochocientos años después. La falange era de seis filas de profundidad y los hombres de la última fila llevaban lanzas de más de siete metros de longitud, si creemos a Livio, que no nos dice, sin embargo, cómo se las arreglaban para manejar unas armas de tal longitud. Los hombres de la hilera anterior llevaban lanzas más cortas y así sucesivamente, de manera que los hombres de la primera fila llevaban lanzas de un metro ochenta centímetros, más o menos. Esto significaba que los carros se enfrentaban con un sólido muro de lanzas y que cada hombre de la primera fila estaba protegido por seis lanzas.

Los hoplitas no permanecían en formación cerrada como podría suponerse, sino a intervalos de un metro, para permitir que las lanzas de atrás pudieran pasar y que los hombres tuvieran un poco de espacio para poder manejar las armas. Los oficiales se colocaban dentro de la falange, con la espada calada y gritando órdenes. «Polibio, la punta de tu lanza está por lo menos dos palmos fuera de sitio. Filipo, alinéate a la derecha. Epaminondas, no estás preparado, una mosca podría derribarte en esa posición».

Los *essadarios* utilizaban carros ligeros de dos caballos. Galopaban alrededor de la falange inmóvil, dando gritos, acercándose como para arrojarse sobre las lanzas y alejándose en el último momento. Con estas maniobras intentaban que algunos de los griegos más jóvenes siguieran sus movimientos con las lanzas, consiguiendo que el siguiente carro pudiera abalanzarse por la abertura que generaría, pero bajo la férrea disciplina de los oficiales hoplitas la línea de lanzas nunca flaqueaba.

Después de unos cuantos ataques en falso, los *essedarios* cambiaron de táctica. No podían cansar a los caballos. Había dos hombres en cada carro, el auriga y el lanzador de lazo. En la siguiente acometida, el lanzador del primer carro hizo girar la cuerda en lo que hoy se conoce como una «mariposa», es decir, un pequeño lazo vertical, en la parte de delante y hacia la izquierda del cuerpo. Luego, lo cambió bruscamente al lado derecho y lo lanzó hacia la segunda línea de hoplitas. Si los *essedarios* hubieran estado tratando de atrapar a un animal, habrían girado el lazo varias veces alrededor de su cabeza antes de hacer el lanzamiento, para tener más control sobre el lazo, de igual manera a como hacen los lanzadores de béisbol, pero los griegos hubieran visto el lanzamiento y hubieran desviado el lazo con las lanzas. Este lanzamiento rápido, inesperado, por debajo de la mano, era, con mucho, una técnica más eficaz.

Aun así, el lanzamiento falló, ya que golpeó el penacho de cola de caballo del casco de un hoplita de la primera línea y se desvió. Rápidamente, el *essedario* tiró de la cuerda para que los hoplitas no pudieran cogerla y tirar a su vez de ella. Según pasaba el otro carro, otro *essedario* intentó el mismo lanzamiento. También falló, pero desde el carro siguiente otro *essedario* probó con un lanzamiento sobre la cabeza, suponiendo bien que los griegos estaban muy concentrados con las otras cuerdas. El largo lazo pasó por encima de las filas y se enrolló en el cuello de un hombre de la última fila. Con un grito exultante, el *essedario* sujetó la cuerda alrededor de un cuerno en el borde del carro mientras el auriga alejaba el tiro. El hoplita, medio estrangulado, fue arrastrado a través de las filas, perdiendo su lanza y rompiendo la formación. Rápidamente, media docena de carros penetraron a través de las líneas, con los aurigas chillando a los caballos y golpeándoles con las riendas en la espalda.

«¡Cerrad las filas!», gritaron los oficiales hoplitas y los carros se enfrentaron de nuevo con una línea de lanzas inmóviles. Todos, excepto un auriga, fueron capaces de evitar el choque. El primer carro chocó contra las lanzas. Un grito casi humano se elevó de los caballos cuando las lanzas se les clavaron en el pecho y cayeron de rodillas. El lacero saltó del carro y echó a correr, pero el auriga no pudo escapar a tiempo. Murió como había muerto su caballo, traspasado el pecho por una lanza.

Otros carros intentaron sacar ventaja y romper la falange antes de que los hoplitas pudieran soltar las lanzas de los cuerpos de los caballos. Éstos estaban traspasados por las lanzas de los hombres de la tercera y de la cuarta fila. El oficial al mando de esta sección de la falange se dio cuenta de la situación de un solo vistazo.

«¡Tercera y cuarta filas, rodilla en tierra!», gritó con voz estentórea. «¡Quinta y sexta filas, tres pasos al frente!».

Como un solo hombre, los de las filas tercera y cuarta se arrodillaron, elevando las lanzas según lo hacían

Hoplitas. Museo Arqueológico de Atenas.

y apoyando el extremo en el suelo. Las últimas dos filas dieron tres pasos al frente para conservar el nivel de las lanzas. Los carros que venían dieron un viraje.

Los hoplitas desclavaron las lanzas de los caballos agonizantes y un oficial los iba rematando con la espada, dándoles dos golpes rápidos en la base del cráneo. Desde la parte de atrás llegó la orden: «¡Quinta y sexta filas, tres pasos hacia atrás, marchen! ¡Tercera y cuarta filas, levántense!».

La falange se rehizo de nuevo y estaba lista para soportar una nueva carga de los *essedarios*.

Dos carros se acercaban al galope. Seguramente, intentarían chocar contra la falange de lleno, sacrificándose de manera que los siguientes carros pudieran penetrar a través de las líneas rotas.

Los hoplitas se prepararon para el impacto. En el último momento, los carros se separaron, uno hacia la derecha y otro hacia la izquierda. El lacero del carro de la izquierda lanzó la cuerda, con un lanzamiento por debajo, intentando capturar a un hombre de la fila de atrás. Un oficial cortó la cuerda de un sólo tajo, mientras aún estaba en el aire. Había servido en Oriente Próximo y su espada era de acero de Damasco. El otro lacero se aprovechó de la distracción. Había estado girando la cuerda, con el giro conocido como *Ola del mar*, intentando captar la atención de los hoplitas y distraerles de su compañero. Cuando vio que el lanzamiento de su camarada había fallado, instantáneamente lanzó su cuerda, apoyándose casi fuera del carro y poniendo toda la fuerza del cuerpo en el lanzamiento, utilizando el brazo fundamentalmente para guiar la cuerda. Capturó a un hombre de la quinta fila, lo hizo caer y lo empezó a arrastrar a través de las filas.

Entre los hoplitas la homosexualidad no sólo era considerada totalmente normal, sino que se consideraba una relación noble e idealizada entre un hombre mayor y otro joven. En la falange, los jóvenes de las filas de delante tenían un amante entre los hombres más mayores de las líneas del fondo. Esta situación se creía que podía aumentar la eficacia del regimiento, ya que ningún hombre saldría corriendo y abandonaría a su amante durante el combate. Pero esta relación también podía suponer un problema. Cuando el *essedario* arrastraba al hombre capturado a través de las filas, su joven amante tiró la lanza y se arrojó sobre el cuerpo de su amigo para intentar salvarle. Los dos hombres juntos causaron una ancha abertura a través de las filas. Un oficial cortó el cuello al joven y se escuchó el grito de: «¡Cerrad filas! ¡Cerrad filas!», que se elevó de las gargantas de los oficiales y de casi todos los demás. Pero el daño ya estaba hecho. La falange estaba rota y los *essedarios*, gritando, cargaban desde todas las direcciones.

El oficial al mando vio que la falange ya no se podía recomponer, pero aún quedaba una opción desesperada. Entonces dio la orden: «¡Formad grupos a derecha e izquierda! ¡Abrid las líneas y aguantad!».

La falange se dividió en grupos y cada hombre sabía su posición en el pelotón exactamente igual que en la falange. Los hombres en el pelotón de la derecha dieron dos pasos a la derecha, y los de la izquierda, dos pasos a la izquierda. En la falange aparecieron pistas por las que corrieron los carros. Antes de que los *essedarios* pudieran reaccionar, el oficial al mando había dado otra orden y la falange comenzó a cerrarse de nuevo.

El jefe de los *essedarios* era un bretón muy duro, con gran experiencia, con el pelo rojo recogido en trenzas y la cara y los brazos tatuados en color azul. Había luchado contra los romanos a las órdenes de la gran reina guerrera Boadicea y sabía mucho sobre cómo cargar con carros contra unas tropas bien disciplinadas. Se dio cuenta de que si permitían que la falange se formara de nuevo, ya no podrían romperla. Dando su grito de guerra, azuzó a sus pequeños ponis peludos por una de las pistas abiertas y luego, por encima del carro, empezó a golpear a uno y otro lado con su hacha de guerra. Otros *essedarios* siguieron su ejemplo y en pocos segundos, la falange estaba destruida en pequeños grupos de hombres desesperados luchando espalda contra espalda contra los carros.

«¡Rehaced la falange!», gritaban los oficiales, pero la falange no podía rehacerse. Los hombres se resistían al empuje de los caballos pero poco a poco se vieron forzados a retroceder unos sobre otros, de manera que no tuvieron espacio para utilizar sus lanzas. Las largas lanzas que manejaban los hombres de las últimas filas eran ahora inútiles y sólo las más cortas de la fila de delante podían utilizarse. Atacados por todos los lados, ningún hombre se atrevía a mirar por encima del hombro por miedo a ser derribado por un golpe frontal de un hacha o que le pasaran un lazo mortal por el cuello, aunque a su espalda oyera gritos y gemidos de sus compañeros cuando eran derribados y en cualquier instante podía sentir una cuchillada en su espalda cuando los *essedarios* acabaran con los restos de la falange.

El oficial al mando de los hoplitas se encontraba rodeado por los hombres que se habían reagrupado después de la salvaje lucha. Alrededor de ellos, el resto de los griegos había sido masacrado por los *essedarios*, ahora salpicados de sangre. Los gritos salvajes, la figura inclinada, el placer con el que estaban rematando a los hombres heridos, les hacía parecer furias salidas del infierno. La lucha había terminado y, en las gradas, los miembros de la multitud que habían apostado por los *essedarios* estaban ya gritando a los corredores de apuestas para que les pagaran.

El general hoplita elevó su voz para dar la última orden. «¡Formad en cuña y avanzad!», gritó.

El disciplinado grupo alrededor suyo rompió el anillo y con su general en el vértice de la cuña, avanzó con sus lanzas. Era una formación como un triángulo de hombres moviéndose cada vez a más velocidad hacia el frente. La cuña se hundió a través de los *essedarios*, enfrentando a más hoplitas según se iba hundiendo, hasta que se convirtió en un cuerpo formidable a lo que nada podía oponerse. Los *essedarios* no quisieron hacerle frente y corrieron hacia sus carros, pero los caballos huyeron de estampida. Desmontados, los *essedarios* se encontraban indefensos ante el avance constante de los hoplitas. La cuña barrió la arena, destrozando cualquier resistencia y desjarretando a los caballos que aún estaban sujetos a los carros. Cuando el general hoplita se dio cuenta de que ya nadie ofrecía resistencia, dio otra orden. «¡Romped filas! ¡Desplegaos y matad a voluntad!».

Con el primer grito que habían dado en toda la batalla, los hoplitas rompieron su rígida formación y se diseminaron por la arena. No prestaban atención a los signos con el pulgar hacia arriba o hacia abajo y, verdaderamente, el público estaba demasiado atemorizado por lo que había visto como para hacer ningún movimiento. Uno tras otro, los *essedarios* fueron derribados y alanceados. Luego los hoplitas rehicieron la formación y marcharon a través de la arena hacia la puerta, la cabeza hacia atrás, el pecho fuera y marcando el paso. Partirían de Roma al día siguiente para luchar en la arena de Pompeya y de allí irían a África para sojuzgar a un jefe nubio que se había levantado contra Roma.

La victoria de los hoplitas no dejó contento al populacho. La plebe despreciaba a los griegos por afeminados y a nadie le gusta que le echen por tierra sus ilusiones. Además, los *essedarios* se habían ganado el favor del público por su pintoresquismo y su habilidad poco habitual para lanzar el lazo. Los hoplitas, con su rígida disciplina y su aire altivo enojaban a la plebe. Empezaron a escucharse gritos provocadores de «¡Cabeza de perro, cabeza de perro!» para recordar a los arrogantes hoplitas la gran batalla de Cynoscephalae (Cabeza de perro, en Griego) en la que el ejército griego fue derrotado por las legiones romanas. Los hoplitas no prestaron atención a los abucheos. Sólo una vez un hoplita se dignó a contestar a la provocación. Un hombre medio borracho grito: «¿Por qué no te relajas, griego? La guerra ha terminado».

Un joven oficial hoplita le echó una mirada: «¿Cuál de ellas?», preguntó con desprecio. Luego, salieron por la Puerta de la Muerte, conservando la impecable formación.

Como clímax, se había preparado un combate entre elefantes de guerra, apoyados por dos compañías de samnitas fuertemente armados. Iban a tomar parte en la lucha treinta elefantes, quince por cada bando, todos llevando castillos a la grupa, llenos de hombres armados. Un grupo estaba formado por elefantes indios y el otro por elefantes africanos. Para los patricios y los generales que había en el podio, la batalla tenía mucho interés, ya que probaría de una vez por todas si los elefantes indios o los africanos eran los mejores para la guerra.

Los elefantes eran todos machos y todos tenían colmillos. Las hembras, sin embargo eran inútiles para la guerra, ya que huirían instintivamente ante un macho con colmillos. Curiosamente, los elefantes africanos eran generalmente más pequeños que sus familiares indios, aunque un elefante africano totalmente desarrollado es mucho más grande que un indio. Esta discrepancia se debía a que los

Un elefante con colmillos en un mosaico siciliano.

mahout indios eran mucho más hábiles en la captura y mantenimiento de los elefantes que los *mahout* númidas. Los animales númidas eran machos jóvenes y muchos de ellos estaban en malas condiciones.

Todos los elefantes llevaban fuertes petos de protección. La mayor parte de ellos provenían de la manada del gobierno en Laurentum, cerca de Roma. Los romanos los encontraban útiles para la guerra, sobre todo contra enemigos medio salvajes que se aterrorizaban a la vista de criaturas tan grandes. La política era cuidar a los elefantes todo lo que fuera posible, tanto por razones económicas como porque al público no le gustaba que se los matara. Cuando Pompeyo exhibió por primera vez una cacería de elefantes en el Circo Máximo, un elefante había elevado su trompa hacia la multitud con el mismo gesto con que un gladiador caído solía pedir clemencia al público. El gesto fue tan conmovedor que hasta el populacho embrutecido se amotinó y la cacería tuvo que detenerse. (Aparentemente, este gesto es instintivo en los elefantes). J.A. Hunter, el famoso cazador profesional de Kenia, me contó que había visto a elefantes heridos mortalmente que hicieron el mismo gesto cuando se acercó a rematarlos. Sus rastreadores nativos no le dejaron disparar, diciendo: «El elefante está pidiendo que se le deje morir en paz»).

Sin embargo, aunque más bien eran hombres los que morían en este combate y no elefantes, éstos, como cualquier otra cosa con vida que entraba en la arena, tenían que aprovechar sus oportunidades. El público observaba, tenso de excitación, mientras los dos grupos se acercaban uno al otro, los elefantes barritando cuando se daban cuenta de lo que tenían delante y enroscando hacia arriba la delicada trompa para alejarla de cualquier daño.

Los *mahout* indios se sentaban a horcajadas en el cuello del elefante, mientras que los númidas lo hacían con las dos piernas al mismo lado. Los indios utilizaban un *ankus* para controlar a sus monturas, un focino con un final curvado como un anzuelo. Los focinos de los númidas tenían la forma de la letra L. Sabemos estos detalles por el estudio de las monedas que se acuñaron para conmemorar las luchas con imágenes grabadas de los distintos tipos.

Había tres hombres armados en cada *howdah* o «castillo», como los llamaban los romanos, en la espalda del elefante. Cuando los dos grupos se encontraron, los elefantes empezaron a utilizar las trompas para sacar a los *mahout* contrarios de su sitio. Si tenían éxito, la batalla estaba ganada, ya que un elefante sin su *mahout* no lucharía y, simplemente, se daría la vuelta. Si esta maniobra no tenía éxito, los elefantes empezaban a luchar con sus colmillos, gruñendo malhumoradamente e intentado clavar los colmillos en el vientre del adversario. Mientras tanto, los hombres de los *howdah* se arrojaban jabalinas o intentaban poner fuera de combate a los adversarios con flechas.

Uno de los jóvenes elefantes africanos fue el primero en huir. Zarandeado y corneado sin piedad por su adversario indio, más grande y mejor entrenado, el joven macho no pudo hacer otra cosa. Se dio la vuelta y echó a correr, perseguido por el victorioso elefante indio. Mientras corría por la arena presa del terror, se le soltó el *howdah* y sus ocupantes cayeron a tierra. Dirigido por su *mahout*, el elefante indio se detuvo y se volvió hacia los hombres. Cada elefante de guerra tenía su técnica especial para matar hombres y una vez que hubiera matado a un hombre, siempre utilizaría el mismo método, sin importarle las circunstancias. Este macho agarraba a los hombres con la trompa y luego los ensartaba en su colmillo derecho. Otros elefantes se arrodillaban sobre sus víctimas, los pisoteaban o los cogían con la trompa y los arrojaban contra el suelo o contra el muro del podio.

Mientras tanto, las dos compañías de samnitas se habían separado en pequeños grupos y estaban siguiendo a los elefantes, protegiéndose a sí mismos detrás de las grandes bestias para evitar la lluvia de jabalinas y de flechas, del mismo modo que las tropas actuales a menudo se refugian detrás de los tanques. Una vez que se llegó a la lucha cuerpo a cuerpo, los samnitas entraron en acción, intentado desjarretar a los elefantes del adversario con sus espadas, o colocarse debajo de los animales y alancearlos en los órganos vitales. Los hombres que iban en el *howdah* protegían a sus monturas lo mejor que podían. Pero algunas veces no tenían éxito. Un elefante cayó muerto como una piedra, alcanzado en un ojo por una jabalina. Otro elefante, desjarretado por los samnitas, continuó luchando de rodillas, agarrando los escudos de los samnitas que se acercaban para rematarlo y arrojándolos por los aires hasta que estuvo rodeado por un círculo de escudos. El populacho aplaudía y hacía la señal del pulgar hacia arriba para que no se matara a este heroico animal, pero un elefante lisiado es totalmente inútil y una jabalina bien dirigida acabó con su vida.

A pesar de los esfuerzos de los númidas, el contingente africano estaba siendo derrotado. Los *mahout* indios retiraron a varios elefantes de la lucha y los elefantes iban recogiendo del suelo las jabalinas con las trompas y se las pasaban a los hombres en los *howdah*. Los indios volvieron a formar y se prepararon para finalizar la batalla 140. Pero entonces ocurrió una interrupción, la primera de este largo y sangriento día. Domiciano, después de un parlamento apresurado con los generales con los que compartía el podio imperial, mando al joven *editor* que detuviera la lucha. Ya no cabía duda entre los altos mandos de que los elefantes indios eran superiores y no había motivo para matar a más valiosos animales. El público, habitualmente sediento de sangre, aplaudió la decisión. A los romanos les gustaban los elefantes. Más tarde, Cómodo se divertiría matando él mismo a tres elefantes en la arena, probablemente disparándoles flechas desde la seguridad del palco imperial, pero en los tiempos de Domiciano aún existía un sentimiento de deportividad, especialmente cuando la lucha implicaba a un animal tan grande y tan noble.

Con el combate de elefantes finalizó el primer día de los juegos. Estaba ya oscureciendo y se habían encendido antorchas, que ardían en los soportes de los muros. El público abandonaba el vasto estadio, contabilizando pérdidas o ganancias, discutiendo sobre el espectáculo, haciendo planes para el día siguiente y peleándose mientras intentaba empujar para salir a través de las entradas atestadas de gente.

X

Después de comprobar que los animales estaban limpios, alimentados y tenían agua suficiente, Carpophorus se fue a la taberna de Chilo, cerca de la Via Appia, a charlar sobre los acontecimientos del día y a beber hasta caer borracho antes de las pruebas del día siguiente.

Cada profesión ligada al espectáculo del circo frecuentaba un cierto tipo de bodega y las personas ajenas no eran bien recibidas. Chilo ofrecía sus servicios a los *bestiarios*. El establecimiento estaba situado a algunos pasos de la vía principal, sobre un callejón oscuro y cerca de la «guarida del lobo», como era conocida aquella zona de mala fama por los romanos. Cuando Carpophorus entró, descubrió para su sorpresa y disgusto que tendría una compañía muy distinguida; el Director de los Juegos estaba sentado a una mesa y también había bastantes patricios adinerados, cada uno con su gladiador que hacía de guardaespaldas. Los patricios iban envueltos en capas, porque, aparentemente, estaban de incógnito, aunque por supuesto, todo el mundo sabía quiénes eran. Muchos patricios eran unos entendidos en los juegos y el grupo allí presente estaba especializado en *bestiarios*.

Pero aquellos aristócratas podían beneficiarle o hundirle si lo deseaban. Carpophorus les hizo un simple saludo con la cabeza y se sentó.

Las paredes de la taberna estaban decoradas con pinturas un tanto burdas, una de las cuales era una copia del fresco del monumento en Minturae a los once gladiadores que mataron (y fueron muertos a su vez) diez osos; otra era un retrato del famoso *venator* Aulus con una dedicatoria: «A mi buen amigo Chilo en recuerdo de muchas tardes placenteras, Aulus». Sin embargo la dedicatoria no la podía haber escrito el propio Aulus, porque era analfabeto. Otra pintura mostraba a dos hombres siendo expulsados de la taberna con una leyenda que decía: «Ten cuidado o te pasará lo mismo».

Carpophorus pidió vino a gritos. Chilo, un griego regordete, cogió el pedido. Chilo había sido, en tiempos, bandido, perista de objetos robados, mendigo y cuidador de jaulas en la arena. Además de su profesión actual de tabernero, también hacía de padrino para los *bestiarios* y robaba a los viajeros después de endosarles un bebedizo compuesto de belladona y cicuta.

«Fue todo un espectáculo lo que hiciste con ese tigre», comentó el grueso griego muy sociable. «¿Qué tal un buen vino de Rodas para celebrarlo? Acabo de recibir un cargamento desde Grecia».

«No usaría tu maldito vino resinoso ni para limpiar las jaulas», replicó el *venator*.

«¿Qué quieres, un vino de Falerno de cien años?» reclamó el griego, molesto por el insulto hacia los vinos de su tierra.

El tabernero se volvía descarado ante la presencia de los patricios y sus gladiadores. Carpophorus levantó la cabeza y le fulminó con la mirada.

«Dame vino», dijo lentamente y recalcando las palabras. Chilo abrió la boca para replicar, se lo pensó mejor y sacó una jarra larga del hueco del mostrador. Cogiéndola con las dos manos, la apoyó en la pila y llenó una taza de barro. Carpophorus se la bebió de un trago y el tabernero se la llenó de nuevo.

Uno de los patricios dijo en voz alta: «Mi amigo, eh, este zapatero remendón —todos sonrieron porque el amigo en cuestión era un senador muy conocido—, y yo no nos ponemos de acuerdo sobre qué contrincante es más peligroso, el león o el tigre. ¿Tú qué opinas?».

A Carpophorus le habría gustado decirle que, por él, podía tirarse al Tíber, pero se contuvo y contestó civilizadamente. Otros patricios participaron en la discusión, algunos incluso haciendo preguntas no excesivamente estúpidas. Carpophorus, después de que le hubiesen invitado a algunos tragos, comenzó a mostrarse más amigable.

El Director de los Juegos comentó tranquilamente, «Hiciste un trabajo brillante, apañándotelas para que esos leones salvajes matasen a los rebeldes judíos».

«Ah, basta con conocer bien a los leones y a los judíos», dijo Carpophorus, halagado por el elogio.

«De todas formas, hiciste un buen trabajo. Pasado mañana tendremos a cincuenta celotes luchando con setenta osos y utilizando sólo sus dagas. Eso sí que va a ser un buen espectáculo».

«¿No tenéis prisioneros que no sean judíos?», replicó irritado Carpophorus. Por algún motivo, le molestaba el recuerdo del rabino moviéndose para forzar el ataque de los leones.

«Gracias a Hércules que los tenemos», respondió sinceramente el Director. «Ellos construyeron el anfiteatro flavio, fueron los primeros que murieron allí y aún hoy son nuestra principal fuente de suministro gracias a sus constantes revueltas. Esos malditos nazarenos o cristianos, o como demonios se llamen, no son buenos, mueren como las ovejas, sin luchar. Me niego a utilizarlos».

Todos asentían con la cabeza en señal de acuerdo. Aquel grupo se habría quedado muy sorprendido si hubiesen podido prever que el Coliseo se conservaría

Fachada norte del Coliseo, Roma.

gracias al edicto del Papa Benedicto XIV, que deseaba mantenerlo como santuario de los mártires cristianos, aunque comparativamente habían muerto allí pocos cristianos; las grandes persecuciones de Nerón tuvieron lugar en el Circo Máximo.

Uno de los jóvenes patricios era amigo de Tito, el joven *editor* de los juegos. Este adolescente arrogante había bebido demasiado y en ese momento prorrumpía en halagos hacia su amigo. (Por cierto, esta alocución se ha tomado del «Satiricón» de Petronio).

«Los próximos tres días han de ser maravillosos, hombres libres que luchan en lugar de baratos gladiadores esclavos. Mi viejo amigo Tito tiene un corazón de oro y una mente inquieta, los hombres tendrán que luchar de verdad, nada de pulgares en alto. Tito se cuidará de que lleven espadas afiladas y de que ninguno se eche atrás. La arena será como el puesto de un carnicero antes de que acabe la jornada. Tito es asquerosamente rico. Supongamos que gasta cuatrocientos mil sestercios al día en los juegos, ¿de qué preocuparse si su anciano padre le dejó treinta millones? Estos juegos harán que su nombre sea recordado por siempre. Ha contratado magníficos carros de caballos y una mujer auriga y al novio de Glyco, que será zarandeado por un toro salvaje. Glyco pilló al joven flirteando con su querida. No fue culpa del chico; es un esclavo y tuvo que hacer lo que la mujer deseaba. Ella es la que debería enfrentarse al toro, pero supongo que si no puedes acabar con el pollino, por lo menos dale donde le duela. De cualquier forma, será un buen espectáculo. ¿Qué nos ha ofrecido el otro candidato a la magistratura? Un espectáculo bochornoso con gladiadores apestosos; de un pedo, te cargabas a la mitad. También he visto mejores *bestiarios*. Los espectáculos tenían lugar de noche a la luz de las antorchas, ¿qué pensaba que nos estaba ofreciendo, una pelea de gallos? Los gladiadores o bien eran patizambos o tenían las piernas arqueadas y a los substitutos de los hombres muertos debían haberles cortado el corvejón antes de comenzar la lucha. El único que tuvo agallas fue un tracio y los esclavos tuvieron que quemarle con hierros candentes para que empezara... El público gritaba ¡Atadlos! porque obviamente eran todos esclavos fugados. Al acabar, el muy canalla me dijo, "Bueno al fin y al cabo os he ofrecido un espectáculo". "Lo ofreciste y te aplaudo por ello", le dije. "Sólo por asistir ya te he dado más de lo yo que he recibido".

Carpophorus ya estaba borracho, como la mayoría de los que había en la taberna. Pidió comida a gritos y el tabernero le llevó un filete de carne. «He visto ojos de bueyes más grandes que esto», gruñó el *venator*, arrojando el plato al suelo. Agarró su tazón de vino y se las arregló para derramarlo por la mesa. «¡Más vino!», bramó el *venator*, consiguiendo ponerse de pie, agarrándose a la barra. «Más vino para el hombre más grande del imperio! ¡Soy más importante que el emperador! ¿Sabes por qué? Ese hijo de cerda enfermiza no podría mantenerse en su trono si no fuera por hombres como yo. ¿Quién acabó con el motín de Lucio Antonio? ¡Yo! Me las arreglé para que cuarenta niñitas rubias de menos de diez años fueran violadas por una manada de babuinos. Los soldados abandonaron el levantamiento para presenciar el espectáculo. ¿Y qué sucedió cuando aquel rayo cayó sobre el Templo Capitolino, augurando malos presagios? La plebe se amotinó y hubiesen reducido a polvo esta ciudad si yo no la hubiese controlado ofreciendo aquellas carreras de cuadrigas con mujeres desnudas en lugar de caballos. ¿Ha hecho algo similar alguna vez esa escoria de Domiciano? ¡Estoy dirigiendo todo el imperio y puedo acabar con cualquiera de los que están aquí!».

Un viejo *bestiario* que estaba sentado en una esquina, comenzó a reírse escandalosamente. Parecía una momia, sin pelo, con los ojos tan hundidos en sus cuencas que sólo se veían los huecos, sólo tenía piel sobre huesos.

«Ah, *bestiarios,* ahora sólo sois como caballos castrados», gritó el viejo mientras acercaba su tazón de vino. «En mis tiempos, éramos hombres, yo hacía arder la arena bajo mis pies, te lo aseguro. Luchábamos contra aurochs con espadas y...».

«Cállate ya, vieja ruina», bramó el *venator*. «Te conozco, vejestorio, eres un león a la hora de hablar; pero un zorro a la hora de actuar. Ninguno de vosotros valía una mierda. ¡Mírate ahora!».

«¡Sí, mírame ahora!», gritó el viejo. «Espera a que seas demasiado viejo para la arena y tengas las ropa desgastada y sólo encuentres trabajo como limpiador de jaulas. Te he visto en la arena. Corres como un ratón en una vasija. En mis tiempos...».

No pudo continuar. Carpophorus había cruzado la estancia de una zancada y había agarrado al viejo por el cuello y la cabeza.

Al instante media docena de hombres se habían lanzado sobre el venator furibundo, mientras Chilo apareció de repente blandiendo un pesado taburete de madera. Lo dejó caer con toda su fuerza sobre la cabeza de Carpophorus, pero antes de que el venator cayese derribado, ya había retorcido el cuello al viejo como había aprendido a hacer en la arena. Se escuchó un crujido seco antes de que el anciano *bestiario* se desplomase sin vida en el suelo.

«¡La guardia! ¡La guardia!», gritaron algunas voces. Un joven centurión con su refulgente armadura irrumpió en la taberna seguido de un escuadrón de soldados con bastones acabados en puntas de hierro.

«¿Qué está pasando aquí?», dijo bruscamente el joven. «Chilo, vas a perder tu licencia por esto. ¿Quién es este hombre? ¡Por Marte, es Carpophorus! Échale un poco de agua, he apostado cincuenta sestercios por este bastardo para los juegos de mañana».

«¡Pero ha matado a un hombre!», gritó Chilo, con desesperación.

«¿A quién, a ese viejo saco de huesos? No me engañes, griego, este hombre ha muerto de un ataque. Venga, Telegonius, arrastra fuera el cadáver y tíralo al Tíber. Mantén el orden, Chilo, o te verás un día de estos en la arena. Cuídate de que Carpophorus esté listo para la cacería de mañana o te las verás conmigo».

Algunos *bestiarios* cargaron con Carpophorus hasta los baños más cercanos, donde los expertos masajistas le devolvieron a la vida con sus artes, le metieron una pluma en la garganta para hacerle vomitar todo el vino y un médico le puso a punto la cabeza y recosió los arañazos del tigre que habían comenzado a sangrar de nuevo. A la mañana siguiente, Carpophorus había vuelto al Coliseo, con la boca pastosa, como si fuese la Cloaca Máxima, pero listo para salir a la arena.

XI

Durante la noche, la *arena* se había inundado de agua salada traída desde el puerto de Ostia. (Y no puedo imaginarme cómo los romanos pudieron lograr este milagro, a pesar de su mano de obra ilimitada y de todas sus riquezas). La *arena* se había convertido en un gigantesco acuario lleno de «monstruos marinos», supongo que de tiburones y de rayas gigantes. Buceadores sicilianos buscadores de esponjas, con sus cuchillos en la boca, saltaban desde el muro del podio al lago artificial y luchaban contra los monstruos. Después hubo un enfrentamiento naval entre dos flotas de galeras, una de las flotas salía de la Puerta de la Vida y la otra, de la Puerta de la Muerte. Mientras la *arena* se desecaba, hubo un espectáculo con focas: las focas ladraban cuando se les llamaba por su nombre y pescaban peces para sus amos. Luego se celebró una lucha de toros en la *arena*, aún empapada.

Los toros eran aurochs*, una especie de toro salvaje, que hoy ya se ha extinguido, bueyes almizclados y bisontes

---

* Los celtas dieron nombre al toro salvaje que encontraron en Europa, al que llamaron auroch, palabra formada de las dos aur y och, que significa salvaje y toro. También se denomina uro.

europeos. Los romanos conocían perfectamente las diferencias entre estos animales, ya que los habían visto muchas veces en la *arena*, pero es curioso que en el siglo XVIII hubiera naturalistas que confundieran las distintas especies. Los aurochs recordaban los toros cornilargos del viejo Oeste, excepto porque eran considerablemente más pesados y tenían barbas más cortas. Los cuernos de un toro viejo podían llegar a medir más de un metro y medio. El bisonte europeo es muy parecido a su primo americano, sólo que más pequeño. El buey almizclado es el mismo de hoy en día. Las luchas de toros fueron introducidas en los juegos por el emperador Claudio, porque eran baratas, comparativamente hablando. Probablemente, incluso animales prácticamente semisalvajes, eran conducidos por hombres a caballo, como los cornilargos del Oeste eran conducidos por los vaqueros, o como los toros de lidia de hoy en día, que se controlan mediante pértigas de madera que llevan hombres a caballo. Mientras los animales permanecen en manada son bastante dóciles. Sólo cuando un animal salvaje se separa del grupo es cuando se hace realmente peligroso.

Nada más entrar en la *arena*, a los toros salvajes se les arrojaba muñecos de paja para que los cornearan. Este truco les preparaba para luchar contra seres humanos. Luego los *bestiarios* expertos en esquivar (los «recortadores») entraban en la *arena*. Se había erigido una barricada interior en el centro de la *arena* para contener a los animales y se habían colocado a intervalos burladeros (los romanos los llamaban *cochleas*) como los que hoy en día se utilizan en las plazas de toros. Los recortadores saltaban desde detrás de la protección de los burladeros y corrían por la *arena*, animando a los toros para que los persiguieran. Un recortador experimentado podía decir, sin mirar hacia atrás, a qué distancia tenía el toro. Si llevaba mucha delantera, iba más despacio para que el espectáculo resultara más vistoso. Cuando el toro estaba a punto de alcanzarle, cambiaba súbitamente de ritmo y alcanzaba uno de los burladeros. Cuando el hombre se deslizaba detrás del burladero, el toro que le perseguía a menudo golpeaba la madera con los cuernos, arrancando algunas veces grandes astillas de más de medio metro de largo. Una vez, una de estas astillas saltó a las gradas y mató a un espectador.

A menudo, dos recortadores trabajaban juntos, haciendo girar al toro con un hombre en la cabeza y otro en la cola, mientras el animal intentaba alcanzar a uno y otro de sus atormentadores.Este truco sólo podía realizarse con un animal sin experiencia. Un toro que hubiera estado en el ruedo varias veces sabía de qué iba esto y se concentraba sólo en un hombre, pero los recortadores podían reconocer a este tipo de animales casi inmediatamente, por la manera en que se quedaban parados y forzaban a los hombres a ir hacia él, en lugar de embestir ciegamente.

Después de unos cuantos minutos, entraban los volatineros. Había tanto hombres como mujeres, desnudos excepto por un taparrabos. Estos artistas eran cretenses y practicaban un arte tradicional que aún puede verse hoy en los frescos de Cnossos. Admito que la mayor parte de los antiguos dudan que los cretenses actuaran alguna vez en la *arena*, pero hay murales romanos de hombres efectuando volteretas en la espalda de un toro y no creo que se tratara de una práctica muy habitual. Hoy en día, aún puede verse en algunos rodeos. Un hombre distrae la atención del toro mientras que otro corre hacia él, se agarra de sus cuernos, salta inmediatamente y se pone de pie sobre la frente del toro (realmente no se trataba de toros de lidia, sino de animales salvajes). Según el toro levanta la cabeza, el volatinero da una voltereta en el aire y cae sobre la espalda del toro, deslizándose mientras sus compañeros gritan y corren frente al toro para mantenerlo ocupado. Una variante de esta proeza es dar una voltereta hacia atrás y ser cogido por dos compañeros que aguardan. Un hombre con el impulso de la embestida del toro puede elevarse a cerca de cuatro metros y medio. Normalmente, el toro en lugar de perseguir al hombre se para, mueve la cabeza como diciendo, «¿Dónde se habrá metido éste?» y embiste a otro acróbata.

Durante estos espectáculos los volatineros estaban más preocupados por las pezuñas de los toros que por sus cuernos. Si un hombre se resbalaba podía evitar los grandes cuernos, pero no podía evitar que los toros les pisotearan. Y entonces el gran peso de los animales le hundía los pulmones y le rompía el hígado.

Había luchas frecuentes entre los animales. Uno de los auroch se acercó a un bisonte que estaba tumbado. El auroch bramaba, escarbaba en la *arena* pero no atacaba. Un recortador corrió entre los dos animales, incitando al auroch a que embistiera, pero en lugar del auroch, fue el bisonte el que se enfureció. Se puso en pie y embistió al hombre a una velocidad que un auroch nunca podría igualar. El recortador corrió hacia el burladero a toda velocidad, pero el bisonte le habría cogido si el auroch no le hubiera embestido. El bisonte se giró y embistió al auroch, elevándole limpiamente de la *arena*. Cuando el auroch caía, el bisonte le dio una cornada rápida en un ojo, rompiéndose parte del cuerno contra el cráneo. Luego, giró sobre sus patas delanteras, no sobre las traseras y se alejó trotando, dejando al auroch moribundo sobre la *arena*. En este momento, una mujer patricia, salvajemente excitada, se quitó un prendedor muy valioso y, sin ninguna razón, excepto su excitación, lo arrojó al ruedo. Su acompañante, un joven caballero, saltó desde el podio, corrió hacia la barrera interior, la saltó y recuperó el broche. Pero el bisonte lo vio. El animal se dio la vuelta y le embistió, matándole en el acto.

El jefe de los volatineros asintió con la cabeza en dirección al Director de los Juegos, que había estado observando todo de cerca, desde el borde de la barrera interior. Los animales ya estaban lo bastante excitados

Bajorrelieve del siglo II que representa una tauromaquia.
Museo Ashmoleano, Oxford.

para el siguiente paso. Además los animales se iban poniendo huraños. Excepto el bisonte, ninguno de ellos había matado a ningún hombre de los que los atormentaban y empezaban a mirar a las gradas, lo que se dice querencia en las corridas actuales. Los animales o se agrupaban o se quedaban totalmente quietos en una parte de la *arena*. Los recortadores y los volatineros no podían hacer nada hasta que los animales cobraran otra vez confianza matando a alguien.

Los criminales condenados, a los que iban a matar los animales para que tomaran confianza (en los ruedos se utilizan para esto caballos viejos), fueron introducidos en la *arena*. Entre ellos estaba el desgraciado jovencito que había sido amante de Glyco. El muchacho, que no tendría más de quince o dieciséis años, salió a la cegadora luz de la *arena*, ya que el toldo no cubría la parte central y sólo protegía a los espectadores. Glyco, sentando en el podio con su mujer, se apoyó sobre la balaustrada de mármol y llamó al muchacho. El joven, oyendo una voz familiar y esperando un indulto, corrió hacia donde venía el sonido. Este movimiento atrajo la atención de un auroch que le embistió. Justo antes de que golpeara al chico, el muchacho salió por los aires, sujeto por un cable invisible que se le había atado antes de entrar en la *arena* y que manejaban los marineros desde el andamiaje. El muchacho se elevó por los aires con un grito, y, de pronto, se le dejó caer frente a un bisonte. El bisonte también embistió, pero el muchacho fue elevado nuevamente y así continuó la farsa, mientras Glyco y su mujer se reían estruendosamente y el público expresaba su regocijo. De pronto, bien por accidente o a propósito, el chico fue alcanzado por un auroch. El largo cuerno le atravesó completamente y el animal embistió enloquecidamente por toda la *arena*, mientras el muchacho gritaba y giraba alrededor del cuerno con cada sacudida de la cabeza del auroch.

Cuando todos los criminales habían muerto, salieron otra vez los recortadores y los volatineros. Esta vez lo hacían seguidos de hombres de Tesalia a caballo, que galopaban al lado de los toros, les agarraban por los cuernos y luego los derribaban, como en los modernos rodeos. Plinio describe este truco. Hombres a caballo con lanzas se ocupaban también de los toros, mientras entraban los *venatores* en la *arena*, a pie y armados con espadas y capas. Carpophorus era uno de estos últimos.

Algunos de los toros salvajes ya habían estado en la *arena* muchas veces. Uno de los pertiguistas volatineros cometió el error de querer demostrar su habilidad con uno de estos animales experimentados. Corrió hacia al toro y cuando el animal embestía, intentó saltar sobre su cabeza. El viejo toro simplemente se apartó y espero a que el hombre cayera. La expresión de la cara del hombre cuando estaba en lo alto de la pértiga hizo que el público se desternillara de risa. Carpophorus, que estaba armado con una jabalina, cuando vio el aprieto del pertiguista, dio un paso al frente y clavó su jabalina en un costado del auroch.

Carpophorus esperaba que el toro muriera en el acto, pero erró el golpe y el animal herido salió corriendo, arrancando la jabalina de su mano (un fresco en Pompeya muestra esta escena). El toro dio la vuelta y embistió de nuevo. Carpophorus, que era más un *venator* que un recortador, no pudo evitarlo. Cayó al suelo entre los cuernos del toro.

Los cuernos le salvaron. Se agarró a ellos mientras el animal, mortalmente herido, le aplastaba repetidamente contra la tierra. Otros *venatores* corrieron en su ayuda. Uno de ellos agarró de la cola al toro (también se puede ver esto en los frescos), otro le arrojó su capa sobre la cabeza y otro clavó la espada en un costado del animal. Entre todos ellos se las arreglaron para arrastrar a Carpophorus hasta un burladero. Incluso mientras estaban llevando al *venator* herido fuera de la barrera interior hasta la Puerta de la Muerte, el toro les siguió desde el interior, observándoles. Cuando desaparecieron finalmente, el toro volvió a la batalla tan rápidamente que cogió desprevenidos a los *venatores* que le seguían. Embistió a un hombre y lo elevó más de cuatro metros en el aire, saltó como un corderito mientras el hombre estaba cayendo y le volvió a cornear nuevamente. Finalmente, los *venatores* consiguieron recuperar el cadáver y pasarlo por encima de la barrera interior. Luego se apartaron para dejar morir al animal, mortalmente herido.

Cuando el toro estuvo seguro de que el hombre muerto ya no estaba, empezó a caminar lentamente, oliendo la sangre de la *arena* como si fuera incienso. Luego miró hacia arriba al populacho, que gritaba, con una tranquila satisfacción y allí se mantuvo orgullosamente hasta que se le doblaron las patas y cayó muerto en la *arena*.

Carpophorus tenía dos costillas rotas y el médico de la *arena* tuvo que vendarle antes de que pudiera salir en el próximo espectáculo. Puede parecer que exagero el castigo y las heridas que un hombre puede padecer y aún así seguir adelante, pero me gustaría recordar que Carnicerito, el famoso matador de toros mexicano, tuvo que ser retirado de un ruedo después de una cogida y se le llevó a la mesa de operaciones. Cuando Carnicerito oyó a la multitud aclamando al siguiente matador que había salido para matar al toro, saltó de la mesa, se enrolló una toalla alrededor del vientre para que no se le salieran los intestinos y volvió corriendo al ruedo. Mató al toro y luego se desmayó por la pérdida de sangre. Luis Procura condujo en una ocasión casi mil kilómetros, de Ciudad de México a Nuevo Laredo, después de haber sufrido una cornada y cuando llegó, el suelo del coche estaba literalmente inundado de sangre. Carpophorus siguió luchando. No sé qué heridas era capaz de recibir un *bestiario* romano, pero sí que luchaban espectáculo tras espectáculo y que, a menudo, sufrían heridas terribles. Tenían que ser muy duros para sobrevivir.

El próximo espectáculo tenía mucho tirón popular. Unas semanas antes, una ballena había encallado en el puerto de Ostia y miles de personas habían viajado desde Roma para ver al monstruo marino. Se había elevado hasta la *arena* una maqueta de la ballena, en uno de los ascensores, y luego se había abierto una trampilla en uno de sus lados y habían salido varias docenas de leones, osos, caballos salvajes, jabalíes, ciervos, antílopes, cabras monteses, avestruces y leopardos. Mientras tanto, se habían colocado en la *arena* varios balancines, cada uno con dos condenados en sus sitios respectivos. Como el hombre que se encontraba abajo estaba seguro de ser devorado, los esfuerzos desesperados de los prisioneros para bajarse unos a otros provocaban la diversión del público.

Luego los bestiarios salieron de nuevo. Algunos de ellos se balanceaban en unas cestas. Las cestas estaban colocadas en una especie de péndulo, de manera que en la parte más baja estaban lo bastante cerca de la *arena* como para que un animal pudiera alcanzarlos. Los bestiarios de las cestas podían decidir el ritmo del péndulo de la misma manera en que un hombre que se columpia controla la velocidad.

El truco estaba en controlar el cesto de manera que cuando se alcanzara el punto más bajo no hubiera un animal esperándote. También había *venatores* que se introducían en la barrera interior a través de torniquetes o de puertas giratorias, guardadas por esclavos que las vigilaban para que ningún animal pudiera escapar, que decapitaban avestruces, disparándoles flechas curvadas. Estas flechas debían operar por el mismo principio que un boomerang, pero cómo podían lanzarse desde un arco es un procedimiento que resulta difícil de entender.

Carpophorus entró con una jauría de perros de pelea a los que había adiestrado. Algunos de estos perros sólo podían ser mastines tibetanos por la descripción que de ellos se conserva y, ya que los romanos traían elefantes y tigres de la India, no hay razón por la que no pudieran traer perros también. Tenía también perros para cazar jabalíes, parecidos al Gran Danés, excepto que aquellos tenían hocicos más estrechos. En el grupo había también algunos molosianos enormes, del Épiro y de Hicarnia, que eran tan salvajes que los romanos creían que debían tener parte de tigres.

Pero los mejores perros de Carpophorus eran los británicos, y se admitía universalmente que eran los mejores perros de todas las razas para la lucha. Los británicos los utilizaron como arma de guerra y los legionarios romanos quedaron horrorizados. Se dice que uno de ellos podía romper el cuello a un toro. Desgraciadamente, no sabemos qué aspecto tenían. A menudo se les describe tanto como «enormes» como «no muy grandes». Posiblemente fueran como un cazador de alces noruego. Personalmente creo que no estaban criados básicamente para la lucha, pero que eran muy valientes y, como los bull terrier utilizados en las luchas de perros, podían ser de cualquier color y pesar entre 8 y 20 kilos.

Carpophorus soltó a los perros y entro en la *arena* armado con una lanza. Los perros atacaban a todos los animales que su entrenador señalaba. A los ciervos y a los antílopes los mataban ellos mismos, persiguiendo al animal alrededor de la *arena* hasta arrinconarlo y

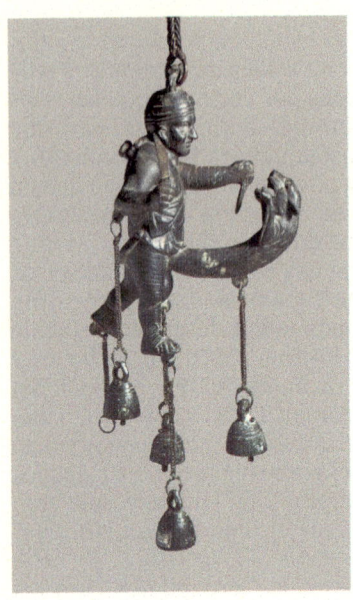

Tintinabulum de bronce
en forma de gladiador a
punto de castrarse.
Museo Arqueológico
Nacional, Nápoles.

derribándolo luego. Un ciervo cayó de rodillas ante el
palco imperial, como si pidiera clemencia. En respuesta a
los gritos de la multitud, Domiciano salvó al animal. Los
perros rodeaban a los animales más peligrosos, atacando y
retrocediendo de manera que la presa quedara rodeada
y no pudiera atacar a ningún miembro de la jauría. Sólo
cuando Carpophorus se acercaba para matar al animal los
perros se paraban, agarrando al animal por las pezuñas, el
hocico o los testículos, para inmovilizarle lo suficiente
para que la lanza alcanzara su objetivo. También se
utilizaban los perros para liquidar a los últimos toros.
Algunos de los perros estaban entrenados para agarrar
al toro por la nariz y hacerle bajar la cabeza para recibir el
golpe definitivo. Estos perros tenían mandíbulas inferiores
salientes y orificios nasales elevados, de manera que
podían continuar respirando sin soltar la presa, y patas

arqueadas, eran los ancestros de los buldogs actuales. Algunas veces, un toro embestía a un perro. Cuando esto ocurría, estaban listos unos cuidadores, que con largas pértigas guiaban al perro hacia otro cuidador que acababa con el sufrimiento del animal. Un toro, abandonado como muerto, se levantó de súbito y mató a un *venator*.

Después de esta atracción, se presentaron una serie de novedades de poca duración. Unas mujeres arrastradas por carros eran perseguidas por perros. Se representaron «espectáculos históricos» que mostraron la castración de Alys, Hércules quemado vivo en una pira y Mucio Escévola quemándose la mano. Una prostituta y su chulo mostraron una exhibición de las varias posturas para el coito, pero en mitad de uno de los abrazos, Carpophorus azuzó a sus sabuesos molosianos contra la pareja y los hicieron pedazos rápidamente. Un ladrón fue crucificado y se azuzó a unos osos para que saltaran y arrancaran al hombre agonizante de la cruz. Otro, que representaba a Prometeo, fue encadenado a una roca y se soltó a un águila entrenada para que le sacara el hígado. Dice Marcial que cuando el águila hubo acabado con él: «sus miembros destrozados todavía se movían, aunque estaba empapado de sangre y ninguna parte de su cuerpo tenía ya forma humana». Un hombre disfrazado de Dédalo con unas alas atadas a sus hombros fue arrojado desde lo alto del andamiaje. Cuando se estrelló contra el suelo, se soltó a un jabalí para que devorara el cadáver. Un *venator* mató a un león, que se había vuelto contra su entrenador cuando fue golpeado, utilizando una espada y una capa: «Aunque la fiera no quería aceptar el látigo, aprendió a tomar el acero». Un oso, que había sido atrapado en las montañas con liga, estaba rodeado de *bestiarios* y olisqueaba la *arena* sangrienta con la cabeza baja, hasta que una jabalina acabó con él. Una cerda embarazada fue abierta en canal por la lanza de un *venator* y una camada de lechones se esparció por la *arena*. Incluso uno de ellos sobrevivió.

Bajo la dirección de los *bestiarios* se realizaron combates entre distintos tipos de animales: león contra tigre, un búfalo contra un elefante. Un rinoceronte embistió a un toro como si fuera uno de los peleles de paja. Luego mató a un oso, un bisonte y dos auroch, uno detrás de otro. Finalmente, se envió un elefante para que luchara con él. De acuerdo a los relatos, el elefante recogió la escoba de uno de los barrenderos y cegó al rinoceronte con las gruesas cerdas. El rinoceronte, cegado, embistió a través de la barrera interior y chocó contra el muro del podio. El elefante acabó con el aturdido animal pisoteándole y, luego, su *mahout* le dio una golosina, orgulloso por su trabajo. Por último, se envió a los legionarios para que limpiaran la *arena*, protegidos por sus escudos como muro y con una línea de lanzas.

Ahora se iba a presentar una novedad deliciosa. En lugar de que la multitud tuviera que llevar su propia comida, por orden del *editor* se instalaron catapultas que dispararon perdices y faisanes asados a las gradas. Había esclavos que llevaban cestas llenas de alimentos deliciosos por los pasillos. Luego, las catapultas arrojaron sobre la multitud billetes de lotería. El poseedor de un billete afortunado ganaba un conjunto de mobiliario, vestidos, un saco de monedas de oro o una joya valiosa. Para colaborar, Domiciano ordenó que fueran distribuidos también billetes de lotería oficiales. Al ganador le podía tocar un barco mercante, una casa o incluso una gran finca.

Algunos de los billetes eran engaños. Un hombre podía ganar una bonita caja tallada. Cuando la abría, salía un enjambre de abejas. Otros ganaban diez osos devoradores de hombres, diez lirones o diez lechugas. Como broma, Heliogábalo hizo que unas catapultas dispararan víboras venenosas a las gradas.

Cuando comenzó la distribución de billetes de lotería, mucha gente abandonó sus asientos. Este reparto significaba siempre que se entablaba una lucha donde todo valía, sólo un poco menos sangrienta que los combates en la *arena*. Sólo los miembros más bajos del populacho se exponían al motín. Una vez que hubiera acabado el reparto, los especuladores aparecían por las gradas, ofreciendo comprar cualquiera de los billetes. Sin saber lo que les hubiera podido tocar, muchos de entre el público vendían sus billetes sin intentar canjearlos.

Durante el almuerzo, había espectáculos de novedades. Hubo una carrera de perros, con monos como jockeys. Hubo una lucha entre grandes grullas y pigmeos africanos, armados solamente con juncos afilados. Había hombres que luchaban contra grandes serpientes pitón, sin armas, y encantadores de serpientes de la Escuela de adiestramiento de serpientes de Marsi, en Grecia, que realizaban números con cobras. Por último, hubo una lucha entre mujeres y enanos. Estacio escribió sobre ella, «el verlos luchar era suficiente para que Marte y la Diosa del Valor se hubieran muerto de risa».

A última hora de la tarde, volvieron los gladiadores. Domiciano había dado permiso para que los gladiadores de la corte tomaran parte en los juegos. Estos hombres eran hombres libres, que luchaban por dinero, y ofrecían un espectáculo magnífico con su armadura dorada y llevando plumas de pavo real cuando entraban en la *arena*. Su armadura era de oro puro, labrada con escenas de combates de gladiadores realizados por reconocidos artistas de Roma. Julio César proporcionó armaduras de plata a sus gladiadores. Nerón le superó proporcionando a los gladiadores armaduras hechas de ámbar tallado. Ahora, Domiciano había intentado superar a ambos, armando a sus gladiadores de oro. No sé cuántos gladiadores de estos había, pero Trajano organizó un combate de cinco mil parejas de gladiadores luchando hasta morir para celebrar su victoria sobre Decebalius en el año 106 d.C.

Estos hombres eran demasiado importantes como para ser utilizados en un tumulto general, así que se celebraban combates individuales. Los espectadores conocían perfectamente a casi todos los hombres, y empezaron a gritar: «¡Tetraites! ¡Primus! ¡Pamphilus!». Sabemos los nombres de estos hombres porque aún existen en sus tumbas, junto a un relieve de un gladiador, normalmente con una palma en una mano, como símbolo de la victoria, y la espada o el tridente en la otra.

Para estas luchas individuales, a menos de que fueran entre un *retiario* y un *secutor*, un árbitro trazaba una línea en la tierra con su bastón, para señalar el punto en que los dos luchadores tenían que encontrarse. Los dos gladiadores se colocaban cada uno a un lado de la marca mientras que el árbitro daba las últimas instrucciones y unos esclavos les sostenían los cascos y los escudos. Los gladiadores que no luchaban esperaban apoyados bajo las estatuas de la Victoria que se alineaban en los muros del podio.

Un trompetero dio la señal para que la lucha comenzara, utilizando un instrumento curvado, parecido a un cuerno francés. Los dos hombres se acercaron lentamente, las caras ocultas tras el visor del casco y casi completamente cubiertos por sus grandes escudos curvados. Había vendedores de vasijas de recuerdo y de pequeñas placas con imágenes de gladiadores pintadas, que pasaban entre los espectadores. El público contuvo la respiración, mientras la *arena* se llenaba del ruido del entrechocar del acero, ya que muchos de los espectadores habían apostado todo lo que tenían y posiblemente su libertad en el resultado del combate.

Uno de los hombres se tambaleó. Se recuperó pero la sangre manchaba la armadura dorada. De cincuenta mil gargantas salió el grito de «¡Habet!» (que significa: «¡Está herido!»). Algunos gritaban con regocijo, algunos con desesperación, dependiendo de por qué parte hubieran apostado. El hombre herido cayó de rodillas. Su contrincante se echó sobre él, utilizando el escudo y todo el peso del cuerpo para derribarle. El gladiador cayó al suelo e hizo el signo de clemencia, al mismo tiempo que un gran grito se elevó de las gradas. Poca gente se preocupaba de hacer la señal con el pulgar hacia arriba o hacia abajo, ya que estaban muy ocupados pagando o cobrando las apuestas.

Otra pareja de gladiadores entró en la *arena*, y otra más. Durante los combates, el público pateaba con entusiasmo, aullaba con rabia, aplaudía con deleite o insultaba a los luchadores. Había gritos constantes de: «¡Dioses! ¡Apunta al pecho! ¿Qué es lo que te pasa, gusano de mierda! ¡Pero dale!». Cuando un hombre caía derribado y el ganador se volvía a las gradas, el público se entregaba a un éxtasis de gozo, especialmente si habían apostado por él. Las mujeres especialmente eran presa de espasmos histéricos y no solamente las mujeres más ordinarias de las filas superiores. Las damas nobles del podio a menudo perdían la cabeza. Cuando un joven y guapo *mirmillo*, que sólo unas semanas antes era un sencillo granjero que vivía en las laderas de los Apeninos, se detuvo ante el podio elevando su sangrienta espada, una gran dama se puso a gritar incontroladamente y arrojó un broche y un collar a la *arena*. Luego se quitó los anillos, los arrojó también a la *arena* y, por último, se quitó la ropa interior y también la lanzó. Cuando el joven *mirmillo* llegó hasta las prendas arrugadas, pensaba que la dama le había lanzado solamente su pañuelo o su manto. Pero mientras las recogía para devolverlas, el sencillo muchacho quedó horrorizado de ver lo que tenía entre las manos. Luego dejó caer las prendas, «más aterrorizado por la ropa interior de una mujer que por la espada de un enemigo». El público encontró todo esto terriblemente divertido y se moría de risa. El esposo de la dama seguro que no se divirtió tanto.

Por lo menos, era más afortunado que el marido de Hippia, una dama noble que abandonó a su marido y a sus hijos y huyó a Egipto con un gladiador llamado Sergius. Juvenal dice amargamente: «Sergius estaba mutilado, envejecido, tenía la cara maltrecha, su frente estaba llena de verdugones producidos por el casco, tenía la nariz rota y sus ojos estaban inyectados en sangre. ¡Pero era un espadachín!». No sé si Juvenal hacía un juego de palabras. A muchas mujeres importantes les gustaba la compañía de los gladiadores en sus habitaciones privadas, pero pocas huyeron con sus amantes.

Ahora luchaban *retiarios* y *secutores*. Uno de los *retiarios* llevaba un casco con visor, que ocultaba su cara. Esto era muy poco habitual entre los *retiarios*. El *secutor* era un duro luchador, ya mayor, mientras que el *retiario* con casco era un hombre joven, torpe y nervioso, obviamente poco seguro de sí mismo. De repente, el *secutor* dio un salto rápido para evitar la red, consiguió golpear el tridente y que se le cayera de la mano y derribó al *retiario*. El público, furioso, daba la señal para que lo matara, que el *editor* repitió al instante. El desdichado *retiario* se quitó el casco y juntó ambas manos en gesto de súplica a la multitud. Se elevó de pronto un grito ahogado. Todo el mundo había reconocido al joven Graco, un descendiente de una de las familias patricias más nobles. Borracho y derrochador, el joven patricio había abandonado a su familia y se había ido hundiendo más y más, hasta terminar en la *arena*, como gladiador profesional.

Estoicamente, el emperador hizo la señal de la muerte, pero el *secutor* no quiso matar a alguien «tan noble y tan vil».

Rodeado de un silencio sepulcral, el joven salió avergonzado de la *arena*.

Las luchas continuaban. Unos esclavos que empujaban unos carros de dos ruedas iban recogiendo a los heridos, ya que estos hombres eran demasiado valiosos como para ser quemados con hierros candentes o golpeados con un martillo en la cabeza. Los árbitros tenían problemas en salvar a los heridos, incluso con un veredicto favorable del público, ya que el gladiador victorioso, enloquecido con la excitación del combate, a menudo liquidaba a su adversario en el acto. Una pintura mural en Herculano muestra a un árbitro inten-

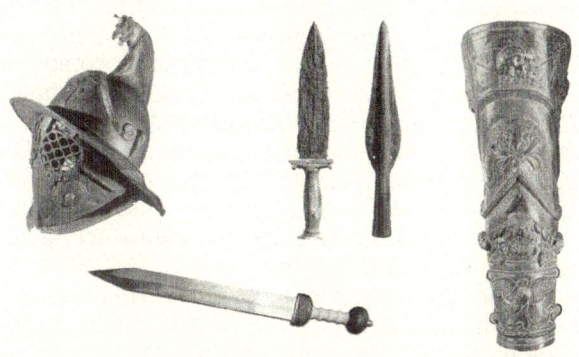

Yelmo con visor, punta de lanza, espada corta, gladius y gleba, greba o espinillera, son algunos de los pertrechos usados por los gladiadores.

tado detener a un *mirmillo*, para que no mate a un *samnita* indefenso.

Cuando el público ya estaba cansado de los combates individuales, se enfrentaban compañías de gladiadores. Un pelotón de galos se enfrentaba con un pelotón de tracios. Domiciano era un seguidor de los gladiadores tracios. La gente se hacía seguidora fanática de ciertos tipos de gladiadores, de igual manera que animaba a los Rojos o a los Azules en las carreras de cuadrigas. Un hombre excitado se levantó de su sitio para gritar: «¡Aplastadlos, galos! ¡Esos tracios puede que sean los preferidos del emperador, pero no pueden con vosotros!». Domiciano, furioso, mandó que este hombre fuera sacado de su sitio y arrojado a la *arena*. Luego ordenó a Carpophorus que lanzara a sus perros de Hircania contra él.

Una vez que las luchas de gladiadores hubieron terminado, se iniciaron la justas *equestres* (hombres a caballo con armadura completa y lanza). La armadura de estos hombres no cubría todo el cuerpo, como hacía la de los caballeros medievales, sino que constaba de coraza, casco con visor y glebas para las piernas. Sin embargo, los romanos sabían perfectamente cómo unir una armadura, es decir, hacer una armadura completa mediante placas que se desplazaban cuando el hombre se movía. Los *secutores* llevaban una armadura de este tipo en el brazo derecho. Posiblemente, los *equestres* iban equipados de manera muy parecida y muchos incluso debían llevar cota de malla. Sus lanzas debían ser ligeras, como las que utilizó la Brigada Ligera en Balaclava. No entiendo por qué los romanos no utilizaban *equestres* en la guerra. Un hombre armado a caballo puede enfrentarse a muchos hombres a pie, como demostraron después los caballeros medievales. Después de todo, el rey Arturo vivió sólo un par de siglos después de la época de Domiciano, y es incluso posible que fuera un gobernador de Britania, entrenado por los romanos. Ciertamente Arturo utilizó caballeros con muy buenos resultados. Pero aparentemente, los romanos siempre confiaron mucho en las legiones maniobrando a pie. Era un gran error.

Para cuando los *equestres* hubieron finalizado sus justas, ya era de noche, pero los juegos aún continuaron. Las catapultas lanzaron higos, dátiles, frutos secos, pasteles y ciruelas al público. Se repartió vino gratis. Se encendieron antorchas rociadas con incienso. El incienso era de distintas clases, así que las antorchas eran de color rojo, amarillo, azul y verde. Se colgaron del toldo estrellas de plata. En la *arena*, había luchas de caballería contra carros y *hoplomachi* con armadura pesada luchaban contra *provocatores* igualmente bien armados y las luces de varios colores se reflejaban en las hojas de las espadas y en los escudos. Por último, la *arena* se inundó de nuevo para un combate entre nativos africanos en canoas de guerra mientras que unas barcazas llenas de bellísimas muchachas desnudas flotaban cerca del muro del podio, entonando canciones y lanzando regalos a las gradas.

XII

Marco Aurelio, el gran emperador y filósofo romano, afirmaba: «No me importaría que los juegos fuesen brutales y degradantes con tal de que no fueran tan condenadamente monótonos». Aunque los romanos derrocharon mucha creatividad intentando variar, no hay duda de que Marco Aurelio tenía razón. Pero el populacho había desarrollado un gusto morboso por los espectáculos que era necesario satisfacer. Nietzsche opina que el gran poder impulsor que hizo de los romanos los amos del mundo tenía que contar con alguna vía de escape. Ya no les quedaban más imperios que conquistar, así que gastaban su energía presenciando aquellos holocaustos.

A partir de ahora sólo mencionaré algunos hechos puntuales de los cuatro días de juegos restantes. Durante la noche, se construyó una ciudad amurallada sobre la *arena* y amaneció asediada por legionarios armados con arietes, catapultas y flechas encendidas. La ciudad estaba defendida por tropas persas. Los romanos avanzaban bajo la cubierta de sus escudos entrelazados mientras los persas lanzaban piedras, aceite hirviendo y palos sobre aquel «*testudo*», o tortuga, como era conocido entre la formación.

Bajo la protección del *testudo*, otros legionarios, con un ariete en forma de cabeza de carnero de bronce, corrían hacia la muralla. Había torres móviles sobre ruedas y puentes levadizos sobre sus almenas desde donde atacaban las tropas. Desde otros puntos de las torres, las catapultas lanzaban piedras y racimos de jabalinas contra los defensores. Los legionarios consiguieron domeñar la ciudad, pero después de haber sufrido grandes pérdidas.

A continuación, hubo combates a espada y una especie de lucha marcial con palos; los *paegniarios* luchaban con sus látigos de piel de toro, protegiéndose con sus escudos de madera y los *postulati* luchaban con dardos. Para mantener a la multitud entretenida al mediodía, se ataba a algunas mujeres a los toros y eran arrastradas hasta morir y hombres disfrazados de sátiros se dedicaban a abusar sexualmente de niños. Un cristiano confeso, llamado Antipas, fue introducido dentro de una figura de un toro de bronce bajo la cual ardía una hoguera. Los gritos del hombre salían a través de la boca abierta del animal como si fuese éste el que bramase. Un grupo de jovencitas atadas a estacas eran violadas por chimpancés, a los que previamente se había emborrachado con vino. Cuando los romanos descubrieron a estos monos del tamaño de un hombre en África, pensaron que se trataba de auténticos sátiros, aquellos seres mitológicos que eran mitad hombres mitad machos cabríos. También había monos de tamaño humano, llamados *tityrus,* con caras redondas, color rojizo y bigotes. Aparecen pintados sobre algunos jarrones y aparentemente se trataba de orangutanes traídos de Indonesia. Que yo sepa, los romanos nunca exhibieron gorilas, aunque los fenicios ya conocían a estos animales, que son los monos de mayor tamaño que existen, y fueron los que les dieron este nombre que hoy conocemos y que significa «salvaje peludo».

También había toques divertidos o lo que los romanos entendían por divertidos. Un joyero había sido sentenciado a la *arena* por vender piedras falsas. El pobre

Sátiro de bronce

desgraciado fue conducido a la *arena* y ante él había una jaula de un león. Mientras el joyero imploraba clemencia de rodillas, se abrió la puerta de la jaula y salió un pollo. El joyero ya se había desmayado antes de miedo y el emperador hizo anunciar a sus heraldos: «Ya que este hombre ha estado practicando el engaño, ahora nosotros le engañamos a él». Al joyero se le permitió abandonar con vida la *arena*. (Este hecho ocurrió realmente durante el reinado del emperador Galieno en el 250 d.C.).

Los romanos tenían mucho sentido del humor. En tiempos de Calígula, un gladiador perdió su brazo derecho, por lo que se encontraba indefenso. El populacho consideró esto graciosísimo y se moría de risa. Otro gladiador, llamado Bassus, se paseaba por la *arena* defendiéndose con un orinal dorado. Bueno al menos, el truco de Calígula, que vamos a contar, nos va a parecer, si no divertido, al menos una forma un tanto macabra de justicia poética.

Había un grupo de personas que solía esperar bajo las gradas, en los pasillos por donde pasaban los condenados que eran conducidos a la *arena*. Eran degenerados del tipo más repugnante. Seguían a los prisioneros, manoseándoles, escupiéndoles y vapuleándoles, al tiempo que les contaban las torturas con las que se enfrentarían en breve. La visión de los pobres desgraciados era como un estímulo sexual para ellos. (Ilsa Koch, la mujer del supervisor alemán en Buchenwald, era una pervertida de la misma calaña. Solía acariciar a los prisioneros condenados a la cámara de gas, cuando pasaban ante ella).

Estos pervertidos eran un auténtico fastidio para los guardias a cargo de los prisioneros y tenían órdenes estrictas para mantenerlos alejados de los bajos de las gradas, pero de alguna forma, ya fuera con sobornos o por la fuerza, siempre conseguían llegar hasta allí. En un esfuerzo por disfrutar hasta el último momento del sufrimiento de los prisioneros, se agolpaban en los pasillos que llevaban al podio y a veces llegaban hasta el mismo podio. En una ocasión, Calígula dio órdenes a los guardias para que no les cortaran el paso. Encantados, los sádicos se abalanzaron contra un grupo de prisioneros que eran llevados a la *arena*, pateándoles y pellizcándoles mientras ellos forcejeaban por continuar adelante. Estos degenerados estaban tan absortos en su deporte que no se dieron cuenta hacia donde se dirigían. ¡Escucharon una verja que se cerraba de golpe tras ellos y de repente se vieron en la *arena* junto a los prisioneros! Los pervertidos corrían arriba y abajo frente a la pared del podio, gritando que eran ciudadanos romanos y que se había cometido un terrible error. Después de divertirse un rato con sus aspavientos, Calígula ordenó que soltaran a las bestias salvajes y los pervertidos murieron, allí mismo, junto a los prisioneros.

No todas las actuaciones tenían que ver necesariamente con sangre y sexo, aunque éstas constituían, sin lugar a dudas, las atracciones principales. Los espectáculos romanos siguieron de alguna manera la misma evolución que sufrió la revista en América. En un principio, las obras de revista eran un tipo de vodevil improvisado con bailarines, los espacios de humor habituales, los cómicos y, por supuesto, lleno de chicas guapas, aunque sólo sirviesen de telón de fondo para las actuaciones. A medida que los gustos de la audiencia se fueron haciendo más groseros, las chicas se fueron desnudando y todo el espectáculo giraba en torno a ellas. La revista, que tan buenos cómicos ha dado, como W. C. Fields, Fanny Brice y Bert Lahr, terminó ofreciendo cómicos que no hacían más que contar chistes verdes para darles tiempo a las chicas a cambiarse de tanga. Sin embargo, para romper con la rutina de los números con desnudos, aparecían, de vez en cuando, o bien algún cantante ocasional o un grupo de vodevil o bailarines, etc.

De una manera muy similar, tenían que ofrecer al populacho romano algún tipo de variedad en el intermedio entre la lucha de gladiadores y la matanza masiva de animales por *venatores*. Estos entretenimientos de relleno podían ser de ballet, obras cortas de enredo o exhibiciones con animales amaestrados. Apuleyo describe uno de estos bailes:

> «Un grupo de hermosos jóvenes disfrazados hacían un baile pírrico griego. Los bailarines en línea se movían hacia fuera y hacia dentro en círculos, a veces de la mano bailando de lado y después separándose en cuatro grupos en forma de cuña con la base de los triángulos formando un cuadrado hueco. Después se separaban de repente y comenzaban a bailar unos frente a otros.»

Las obras cortas que se ofrecían en la *arena* eran los típicos enredos de alcoba que han permanecido inmutables desde hace dos mil años. Un hombre y una mujer están en la cama. Se escuchan unos golpes. «¡Por la graciosa Vesta, es mi marido!», grita la mujer. El hombre se esconde bajo la cama, pero el recién llegado es otro amante de la mujer. Se meten en la cama y se oye de nuevo un ruido. El segundo hombre se esconde también bajo la cama y así hasta que llega de verdad el marido. Entonces después de algo de acción secundaria, uno de los amantes se coloca el orinal sobre la cabeza y todos se retiran de la *arena*.

Las actuaciones con animales amaestrados tenían que ser muy llamativas. Los romanos disponían de un número ilimitado de animales para los juegos y los *bestiarios* podían seleccionar de entre ellos a aquellos que prometían, mientras que hoy en día los domadores deben conformarse con los animales que puedan permitirse comprar, pedir prestados o regalados por caridad. También, los romanos contaban con cuidadores de jaulas por tiempo indefinido y a un precio irrisorio, así como ayudantes y demás personal. Enseñaban a los elefantes a caminar sobre cuerdas estrechas, a caballos a bailar sobre sus patas traseras y a osos a tirar de carros mientras otro hacía de auriga. También amaestraban patos y gansos tan bien como a monos amaestrados. Los tesalianos habían enseñado a toros como si se tratase de caballos de cuadrigas, se tumbaban, llevaban carros o luchaban entre ellos o en grupo. Los domadores modernos podrían emular todas estas proezas, pero los romanos enseñaron también a los leones a cobrar liebres y llevarlas, sin provocarles ningún daño, a los pies de sus amos, después de haber probado su ferocidad matando toros. También había cacerías especiales: guepardos (el leopardo cazador de África) amaestrados cazando antílopes y caracales (el lince africano) capturando conejos y perdices.

Los romanos también exhibían unicornios. Realmente eran antílopes orix africanos. Los *bestiarios* cogían un orix joven y le ataban los cuernos juntos como si se tratase de un injerto de una rama. Los tiernos cuernos crecían juntos, produciendo un solo cuerno recto, que constituía un arma mucho más potente contra los otros animales en la *arena*. Probablemente la leyenda del unicornio surgió de este engaño, aunque algunos estudiosos piensan que procede del rinoceronte de un solo cuerno de la India.

Las luchas individuales eran habituales entre los animales y algunos de ellos se hacían tan conocidos como algunos gladiadores famosos. Statius escribió una bonita oda a un león que murió entre las garras de un joven contrincante en la *arena* en tiempos de Domiciano:

«Pobre amigo, ¿qué bien te hizo aprender a obedecer a un amo mucho más débil que tú, a entrar y salir de tu jaula cuando te lo mandaban, a llevarle tus presas e incluso a dejar que metiese su mano entre tus fauces? Una vez fuiste el terror de la arena y los otros leones se apartaban cuando pasabas. Has muerto peleando, con la valentía de un soldado y, aún cuando sabías que estabas herido de muerte, esperaste con las fauces abiertas al enemigo que acabaría contigo.

Has de saber que todo el pueblo y el senado lloró tu muerte como si fueses un famoso gladiador y que entre todas las bestias recogidas desde Escitia hasta las riberas del Rin, la cara del César sólo se conmovió cuando moriste, aunque no eras más que otro león perdido.»

Se cuenta que había leones amaestrados que tiraban de los carros del *editor* de los juegos y también de casos de leones domesticados que habían salvado a sus amos de las garras de otros animales salvajes. Además está, naturalmente, la famosa historia de Androcles y el león. Androcles era un esclavo griego que había huido de su amo y, cuando estaba vagando por el desierto, se encontró un león con una espina clavada en una pata. Androcles se la sacó y el león nunca olvidó aquella buena

La leyenda de los unicornios pudo nacer en las arenas de los circos romanos. Una teoría más, no exenta de lógica.

acción. Más tarde, el león fue capturado y enviado a la *arena* y lo mismo sucedió con Androcles. Soltaron al león hambriento a la *arena* para que devorase al esclavo fugado, pero el león rehusó a causar ningún daño al hombre que consideraba su amigo. Entonces soltaron a un leopardo para que hiciese el trabajo y el león lo mató para defender a su amigo. El público pidió la libertad para el león y para Androcles. Después de aquello, Androcles vivió de lo que ganaba exhibiendo al león por las tabernas. Gellius y Aelian juraron que esta historia era cierta (sucedió durante el reinado de Claudio), así que yo lo creo. En otras circunstancias habría tenido mis dudas. En cualquier caso es una de las leyendas históricas mejor autentificadas. ¿Qué fue de Carpophorus? Lo desconozco, así que inventaré un final adecuado para este hombre tan extraño.

Una mujer noble de posición acomodada pidió a Carpophorus que le llevase uno de sus asnos amaestrados a su aposento aquella noche, prometiéndole una enorme suma de dinero. Carpophorus naturalmente aceptó. La dama había organizado unos preparativos muy complicados para el evento: cuatro eunucos habían preparado una cama de plumas en el suelo, cubierta con una tela púrpura de Tiro, bordada en oro, y habían colocado suaves almohadas en un extremo. La mujer mandó a Carpophorus llevar al asno a la cama, hacerle tumbarse y entonces friccionarle con sus propias manos con aceite de bálsamo. Cuando se terminaron los preparativos, ordenó a Carpophorus que abandonara la habitación y volviese a la mañana siguiente. Esta escena la describe con todo detalle Apuleyo en «El asno de oro».

La dama pedía tan a menudo los servicios del asno que Carpophorus temía que la mujer muriera, pero después de algunas semanas lo único que le preocupaba era que agotase a un animal tan valioso.

El caso es que Carpophorus había hecho tanta fortuna con ese negocio que hasta pudo comprarse un cuerno de unicornio auténtico. Por supuesto, Carpophorus conocía todo el engaño de los unicornios-orix utilizados en la *arena*, pero este cuerno era diferente. Era de auténtico marfil y de más de doscientos centímetros de largo. Había muy pocos cuernos como éste en Roma y tenían un enorme valor, porque si se servía vino envenenado en una copa hecha de cuerno de unicornio, el veneno comenzaba a burbujear y delataba su presencia. Carpophorus tenía la ligera sospecha de que aquellos cuernos podían ser falsos de alguna manera, pero después de examinar cuidadosamente su adquisición se convenció de que era auténtico marfil y que no provenía de ningún animal conocido. Desde entonces, toda la ambición del *bestiario* fue encontrar un unicornio y exhibirlo en la *arena*.

Se suponía que los unicornios eran animales tropicales, pero Carpophorus descubrió que aquellos cuernos eran traídos desde el Báltico. Esto, dedujo él, explicaba por qué los romanos que capturan animales en África y Asia no han conseguido nunca un unicornio. Se las arregló para trabar conocimiento con la tripulación de un barco vikingo que había llegado a Ostia para comerciar y practicar un poco la piratería durante el viaje de vuelta a casa. Los vikingos tenían algunas piezas rotas de cuernos de unicornios y Carpophorus fue capaz de emborrachar a uno de los miembros de la tripulación en la taberna de Chilo. El marinero le contó que aquel cuerno procedía de un gran pez que los pescadores atrapaban de vez en cuando entre sus redes. Los vikingos lo llamaban narval. El pez podía haberse llamado unicornio marino, ya que tenía un largo cuerno que crecía desde la punta de su nariz.

Carpophorus no se tragó aquel cuento chino. El cuerno era de marfil y los peces no producen marfil. Sin embargo, pensó que los unicornios nadaban en los ríos ocasionalmente y bien podían ser atrapados en las redes de los pescadores y así fue como comenzó la leyenda. Viajó al Báltico con un *«negotiator ursorum»,* un hombre que capturaba osos, pero no consiguió capturar ningún unicornio. Pero en cambio obtuvo algo casi igual de valioso, tres grandes osos blancos diferentes a todos los que había visto hasta entonces. Los osos habían llegado sobre icebergs cerca de la «Última Thule», el último reducto de tierra hacia el Norte. Hoy lo llamamos Islandia.

Carpophorus tuvo la disparatada idea de que aquellos osos debían venir de una gran tierra situada al Oeste, ya que no podían haber pasado su vida sobre los icebergs flotantes. Durante su camino de regreso con los osos, le

Los osos polares son animales a los que enfrentarse puede resultar terrible debido a su ferocidad.

comentó esta teoría a un joven centurión que estaba a cargo de los fuertes de la frontera con Escocia, construidos para evitar que los pictos y los escoceses asaltasen a la Gran Bretaña romana.

«No hay más tierra hacia el Oeste», le comentó el centurión con convicción.

«¿Cómo lo sabes?», replicó el *bestiario*.

«Porque, si existiese, este maldito gobierno ya nos habría mandado a los legionarios allí para vigilar la zona», dijo el centurión apurando una copa de vino muy fuerte. Los osos causaron sensación en la *arena*. El escritor romano Calpurnio describe cómo la *arena* se llenó de agua y los osos se lanzaron a ella y cazaron focas. (Los osos polares se exhibieron en la *arena*, pero el período exacto es un tanto incierto). Pero cuando hubo que pasar al siguiente acto, no podían retirar a los osos. Estaban aún comiéndose las focas y los osos polares son, generalmente, los animales más difíciles de manejar.

Antiguo mapa de Islandia, la tierra a donde llegaron los osos blancos que Carpophorus pudo llevar a Roma y que terminaron acabando con su vida.

El emperador movilizó a los arqueros para que matasen a las bestias con el fin de continuar el espectáculo dentro de su horario. Carpophorus no se resignaba a contemplar cómo mataban a sus preciosos osos. Se zambulló en el agua hasta la rodilla y trató de sacar a los osos con su mayal. Por la dificultad añadida del agua, no pudo evitar los ataques furiosos de los animales y murió como la mayoría de los de su profesión, entre los dientes y fauces de sus salvajes pupilos. Los romanos nunca se dieron cuenta de que habían tenido en sus manos la pista para el descubrimiento de un gran nuevo mundo.

XIII

¿Dónde conseguían los romanos todos los animales que utilizaban en los juegos? Esta duda es aún mayor cuando se estudian ciertas estadísticas. Trajano organizó unos juegos que duraron ciento veintidós días, en los que murieron once mil personas y diez mil animales. Siendo emperador Tito murieron cinco mil animales salvajes y cuatro mil domésticos, durante los cien días que duraron los juegos para celebrar la inauguración del Coliseo. En el año 249 d.C., Filipo celebró los mil años de la fundación de Roma organizando unos juegos donde el número de muertos fue el siguiente: mil parejas de gladiadores, treinta y dos elefantes, diez tigres, sesenta leones, treinta leopardos, diez hienas, diez jirafas, veinte asnos salvajes, cuarenta caballos salvajes, diez cebras, seis hipopótamos y un rinoceronte (*Rome and the Romans*, de Showerman).

Quizá las estadísticas en sí no significan mucho, así que vamos a ver algunos ejemplos. El emperador Cómodo mató él mismo a cinco hipopótamos en un día, disparándoles flechas desde el palco imperial. Los hipopótamos eran bastante comunes en la arena, como demuestran ésta y otras historias. Sin embargo, después de la caída del imperio romano, el siguiente hipopótamo que llegó a Europa fue en 1850. Hubo que utilizar una división armada completa para capturar un animal de este tipo. Se tardó cinco meses en llevar al hipopótamo desde el Nilo Blanco hasta El Cairo. El hipopótamo pasó el invierno en El Cairo y luego fue llevado hasta Inglaterra en un tanque que contenía mil quinientos litros de agua, para mantenerlo fresco. Pero los romanos solían importar hipopótamos al por mayor para los juegos. De hecho, acabaron exterminando a los hipopótamos del Nilo en Egipto. Los romanos importaban rinocerontes tanto africanos como indios e incluso los miembros más ignorantes del público podían distinguir entre los dos inmediatamente. Hace unos años se descubrieron en Sicilia unos mosaicos que mostraban la captura de un rinoceronte indio. El siguiente rinoceronte indio que fue traído a Europa fue en 1515. Hoy en día sólo hay seis de estos animales en cautividad.

Territorios enteros fueron esquilmados de animales salvajes para la arena. Los primeros padres de la iglesia sólo pudieron encontrar algo bueno de estos espectáculos sangrientos: que la demanda de animales despobló territorios completos de predadores y los hizo buenos para establecer granjas. Varias especies fueron exterminadas o quedaron tan pocos individuos que se extinguirían más tarde: el león europeo, los auroch, el elefante libio y, posiblemente, el oso africano. Hoy en día no hay osos en África y la mayor parte de los científicos creen que nunca los hubo, pero los romanos hacen referencia a un «oso» de África Oriental y de Nubia. ¿De qué criatura se trataba?

No lo sabemos, pero, curiosamente, en Kenia perdura la leyenda del «oso Nandi», supuestamente un oso muy grande y muy feroz que vive en las montañas Aberdare. De vez en cuando ataca a algún nativo y ha sido visto por muy pocos hombres blancos, aunque nunca ningún ejemplar ha sido capturado. Recientemente se descubrió una factoría de caza romana por esa zona. Quizá el «oso africano» de los romanos realmente existió.

Capturar y enviar todos estos miles de animales constituía una industria de gran tamaño. Los animales salvajes eran el regalo más valioso que un rey bárbaro podía hacer a los romanos e incluso los gobernadores romanos tenían que capturar animales. Hay una serie de cartas muy divertidas e interesantes entre Cicerón, un gobernador recientemente nombrado de una provincia de Asia Menor, y Caelius Rufus, que quería ser elegido edil en Roma. Rufus necesitaba leopardos para los juegos que estaba organizando. Cicerón estaba muy ocupado intentando administrar su provincia y no tenía ningún interés en capturar leopardos. Incluso antes de que el pobre Cicerón llegara a su provincia, recibió una carta de Rufus: «Querido Cicerón: por favor, intenta conseguirme algunos buenos leopardos… creo que bastarán diez para empezar. Dile a los nativos que se den prisa». Cuando pasó el tiempo y no había llegado ningún leopardo, Rufus le escribió: «Mi querido amigo Cicerón: en casi todas mis cartas te he mencionado el tema de los leopardos. Sería una terrible desgracia si después de que Pasticus —un hombre de negocios romano que vivía en la misma zona— me haya mandado diez, tú no me puedas mandar muchos más. Ya tengo esos diez y diez más de África. Si no tengo noticias tuyas, tendré que llegar a algún acuerdo con otros». Más tarde hay otra carta: «Si no consigo que Curio me mande algunos animales africanos, no voy a ser capaz de organizar un espectáculo de ninguna manera. Si no me mandas algunos leopardos, no esperes ninguna influencia política por mi parte».

Cicerón escribió a un amigo: «Otra carta de Rufus… sólo habla de leopardos». Finalmente, Rufus organizó sus juegos y fue elegido edil. Inmediatamente, Cicerón le escribió: «Querido, querido Rufus: No puedo expresarte lo disgustado que estoy con el asunto de los leopardos. Puse a todos los cazadores profesionales a trabajar, pero parece que estamos viviendo una escasez de animales salvajes en esta época del año. Pero no te preocupes, tengo a todo el mundo trabajando y cualquier animal que consiga será para ti y para nadie más».

Rufus tenía derecho para estar molesto. Sila, que se convertiría en *dictator*, admitió abiertamente que la gente que le había votado en principio era sólo porque tenía buenas relaciones con Bocchus, un rey africano, y que podía así conseguir muchos animales para los juegos. En su búsqueda de animales, los cazadores romanos llegaron hasta Noruega, de donde traían alces, a Birmania, para capturar rinocerontes, cobras y elefantes, y hasta el lago Victoria, en el corazón de África. Como hoy en día, África era el lugar más importante para capturar animales salvajes. Los romanos llegaron a presentar puercoespines africanos en la *arena*, donde muchachos desnudos tenían que atraparlos, valiéndose sólo de sus manos. Plauto, un humorista romano, escribió: «¡Por todos los dioses! Lo siguiente será un espectáculo de ratones africanos amaestrados».

A partir de varias fuentes vamos a crear el personaje de Fulcinius, un cazador profesional que trabajaba en África. Vamos a suponer que Fulcinius fuera un mestizo, hijo de un legionario romano que sirvió en Argelia y de madre negra. Como hoy en día, los mestizos no eran muy aceptados por ninguna raza, y Fulcinius creció solitario, considerándose a sí mismo superior a los de la raza de su madre, pero sabiendo que nunca sería aceptado por los romanos. Los escritores romanos describían a un hombre así como un «salvaje entre los salvajes, un hombre tímido, huraño, que odiaba a la sociedad y sólo era feliz en la jungla».

De los de la raza de su madre, Fulcinius aprendió todos los trucos para capturar animales, que han permanecido invariables hasta el día de hoy. Aprendió cómo cavar un pozo, rodearlo de una alta cerca de madera y atar un ternero en el pozo. Cuando un león oía quejarse al ternero, saltaba la cerca, caía en el pozo y era capturado. También aprendió cómo dirigir nativos para que condujeran manadas de antílopes dentro de un río, donde eran capturados a lazo por hombres en barcas, o guiarlos hasta barrancos donde los animales resbalaban y eran atados de pies y manos por hombres que esperaban en el fondo. Fulcinius organizó cientos de batidores que se movían desde todos los puntos a través de un trecho de la jungla, conduciendo a los animales hacia un espacio cada vez más pequeño. Por último lanceros númidas con sus grandes escudos ovalados formaban un muro alrededor de los animales cautivos y los mantenían así el tiempo suficiente como para que otros hombres con lazos y redes pudieran acabar de capturarlos. Aparentemente, hasta los leones eran capturados de esta forma. Hay una pintura que representa este método en una villa romana en Bona, Argelia.

Una villa recientemente descubierta cerca de Armerina, en Sicilia, contiene frescos, algunos de ellos de más de 50 metros de largo, que muestran con mucho detalle cómo los animales eran capturados y metidos en jaulas para su transporte. Se piensa que la villa debía ser la casa de verano del emperador Marco Aurelio Valerio Maximiano, que gobernó hacia el año 300 d.C. Que el emperador dedicara tanto espacio a las pinturas que representaban la captura de animales muestra lo vital que esta profesión era para los romanos.

En un mosaico aparecen hombres a caballo conduciendo a ciervos hacia un círculo de redes, donde uno de ellos ya está capturado, con la cornamenta enredada. Otro muestra a varios hombres cargando elefantes en una galera, al tiempo que otros arrastran a una cría de rinoceronte hacia una plancha a la que unos perros entrenados muerden por la parte de atrás. Otros mosaicos muestran a un cazador romano con un gran escudo, señalando a un león que se está comiendo a un orix, al que acaba de matar. El cazador está dirigiendo a sus ayudantes moros para que le rodeen y le echen encima una red. Un mosaico muestra un carro tirado por bueyes con conductores nativos y, sobre el carro, hay una gran jaula de madera que contiene un león o un leopardo. Un cazador de animales camina al lado de la jaula, sujetándola con la mano. Encima de la jaula hay un dispositivo como un embudo que aparece a menudo en estas pinturas. A menos que se utilizara para echar agua dentro de la jaula, es difícil imaginar para qué podía servir. Un mural muestra a varios hombres llevando grúas a un barco y dos hombres están luchando para subir a bordo a un gran antílope africano. Otros hombres están subiendo a la plancha a unos jabalíes atrapados en redes y suspendidos por poleas.

Fulcinius debía hacer todas estas cosas y muchas más. Debía capturar elefantes llevándolos hasta cañones sin salida y luego, como no debía tener suficientes elefantes entrenados para sacarlos de allí, hacerlos pasar hambre hasta la sumisión, dándoles sólo un poco de agua para conservarlos con vida. También debía contratar a númidas para que irrumpieran en una manada y desjarretaran a las madres con sus lanzas, de manera que las crías pudieran ser capturadas. Capturaba chimpancés y babuinos dejándoles cuencos llenos de vino y luego recogiendo a los animales que estaban borrachos. Para capturar a las serpientes pitón, Fulcinius preparaba una larga bolsa hecha de juncos que colocaba cerca de la serpiente. Entonces la serpiente era conducida hacia la bolsa y, creyendo que era un agujero, se metía dentro. Luego, se ataban las cuerdas que cerraban la entrada de la bolsa. Cuando se encontraba el cubil de un «oso» (sea lo que fuere el «oso» africano), se colocaban unas redes a la entrada y se le hacía salir con gritos y toques de trompeta. Se colocaban lazos en las pistas preparadas y se conducía hasta ellas a los animales. A lo largo de las

El embarco de los animales en el gran mosaico de la Plaza Armerina. Detalle de una escena de caza. Siglo IV d.C.

pistas se colocaban cintas de colores, de manera que los animales, asustados por esos objetos extraños iban por las pistas y no se adentraban entre la maleza.

Organizar estas cacerías debía suponer un esfuerzo considerable. Los cazadores podían pedir a los legionarios destinados en la zona que les ayudaran y debían de cooperar, ya que la captura de animales era crucial para los políticos de Roma. Incluso la población civil podía ser reclutada para estos trabajos que, como demuestran algunas de las cartas de Cicerón, a menudo entorpecían la economía local, ya que estas empresas podían durar semanas.

Como para casi todos los cazadores, el principal problema de Fulcinius no era capturar a los animales, sino llevarlos hasta su destino. Los animales tenían que ser transportados en carreta de bueyes hasta la costa o llevarlos en balsas río abajo. Estos viajes podían durar meses. Fulcinius estableció estaciones de descanso a lo largo de la ruta, donde los animales se soltaban en grandes cercados, donde podían descansar y hacer ejercicio. De acuerdo a las leyes romanas, los habitantes de los pueblos estaban obligados a proporcionar comida para los animales, pero el recaudar esta comida era a menudo tan difícil que Fulcinius tenía que pedir a la guarnición romana de la zona que le ayudara. Si no había tropas romanas, tenía que recurrir a sus mercenarios nativos, que viajaban con las caravanas de animales. Estos hombres eran despiadados. En una ocasión, desenterraron los cuerpos del cementerio local y alimentaron con ellos a los animales. Fulcinius recibía frecuentes quejas de Roma, pero invariablemente su contestación era siempre: «¿Queréis animales o no?». Sin embargo, la situación llegó a ser tan mala que una orden imperial prohibió que los animales permanecieran más de una semana en cualquiera de las estaciones de descanso.

Incluso una vez que los animales eran cargados en barcos, el viaje hasta Ostia, el puerto de Roma, era también un asunto bastante largo y peligroso. «Los marineros tienen miedo de la carga», escribió Claudiano. El viaje por el mar Rojo era particularmente peligroso debido a los arrecifes y los bancos de arena. Para empeorar las cosas, el viaje tenía que hacerse por la noche, para proteger a los animales del calor del sol.

Para Fulcinius, una vida humana no valía nada comparada con el éxito del envío de los animales. En cierta ocasión, cuando se estaba realizando la descarga de las jaulas en los muelles de Ostia, un famoso escultor llamado Pasiteles se colocó en el mismo muelle para hacer modelos de los leones. Fulcinius le dijo que se quitara, pero Pasiteles no quiso. Unos minutos más tarde, una jaula con un leopardo cayó mientras se descargaba y el animal por poco mata al escultor. La única reacción de Fulcinius fue un ataque de furia contra el escultor por estar en medio. (Este incidente ocurrió de verdad, aunque no se sepa realmente el nombre del cazador de fieras).

Es bastante interesante que, cerca de dos mil años después, otro cazador de animales alcanzara gran reputación por capturar e importar animales bajo casi las mismas condiciones de Fulcinius, se suponía que para los zoológicos, aunque realmente era para que pudieran montarse peleas de animales para ser filmadas por las cámaras de Hollywood. Las películas de estas luchas fueron tan populares que aún se ponen en los cines y en la televisión. Si queremos hacernos una idea de cómo debía ser la arena romana, lo mejor es ver una de estas películas. Yo he visto una que muestra una lucha entre un león africano y un búfalo de agua indio supuestamente filmada «en el corazón del continente negro». Por supuesto, a nadie le importa si las películas están apañadas o no. Como a los romanos, lo único que les interesa es la lucha. También he visto películas de «nativos con lanzas luchando contra leones devoradores de hombres», que se escenificaron por orden del gobernador local en cierto lugar de África, sólo como atracción turística. Los leones llegaban en jaulas y los nativos conseguían sus escudos y lanzas a través de una empresa europea de suministros. Creo que murieron tres hombres como resultado del combate. Hubiera sido un buen espectáculo en la arena del circo.

¿Cómo moriría un hombre como Fulcinius? Probablemente, de fiebres palúdicas o de la malaria. O quizá fuera uno de los hombres que murieron en un fuerte romano de adobe, a unos 300 kilómetros al norte de Mombasa, cuyos restos aún pueden contemplarse. Mombasa era el principal puerto de África Oriental y allí esperaban las galeras para cargar arroz, aceite de sésamo, marfil y fieras salvajes, para ser llevadas a Italia. El fuerte es posible que se construyera como estación de descanso para los cazadores de animales. En este caso, los habitantes de las tribus locales evitarían el lugar, ya que de otra manera podían ser apresados para trasportar las jaulas o se podían esquilmar sus campos para alimentar a las fieras. Así que el fuerte debía estar aislado y los centinelas no temían ningún ataque.

Quizá al amanecer, un grupo de guerreros masai atacó inesperadamente el fuerte, dando su terrible grito de guerra, al mismo tiempo que arrojaban sus lanzas, y luego desenvainaron sus *simis* (puñales largos) para la lucha cuerpo a cuerpo. El fuerte tenía una extensión de unos veinticinco mil metros cuadrados y la guarnición no era suficiente como para cubrir todos los muros. Fulcinius lucharía hasta el fin, hombre con hombro con sus tropas nativas y con sus grandes perros molosianos que utilizaba para conducir a los animales a bordo de los barcos y para llevar a las presas al muelle. Probablemente sus cazadores lucharan con sus lanzas de caza, mientras que los legionarios utilizaran sus escudos y sus espadas. Pero al final fueron derrotados. Ahora sólo quedan algunas monedas, unas del tiempo de Nerón, otras de Antonino Pío y una del tiempo de Trajano, que nos hablan de su destino. Los masais victoriosos dejaron las monedas, pero se llevaron las valiosas armaduras y las armas de los hombres muertos.

XIV

Hasta el siglo II d.C. aún se conservaba un cierto sentido de «juego limpio» en los espectáculos. Un gladiador siempre tenía alguna oportunidad de salir vivo de la *arena*. Incluso podía convencer al *lanista* para que le pusiera precio y, si superaba la suma, conseguir su libertad. Un animal, generalmente, tenía muchas posibilidades de matar a su oponente humano, por lo que la lucha era bastante más justa que la que se practica en las corridas de toros actuales. Al menos se pretendía dar a los juegos la idea de concurso, sangriento, brutal y cruel, pero conservando siempre ese aire deportivo entre los luchadores, a menos que se tratase de criminales condenados.

Gradualmente, los juegos empezaron a degenerar en espectáculos de masacres gratuitas. La gente suele desarrollar una inmunidad hacia las escenas de cruel-dad y derramamiento de sangre y demandan más y más métodos ingeniosos para adornar sus hastiados intereses. Un truco de éxito era enfrentar a un hombre armado contra otro desarmado. Naturalmente, siempre resultaba ganador el que iba armado. Entonces se le quitaban las armas y salía otro armado a matarle a él. Esta dinámica se repetiría a lo largo de todo el día.

Séneca, el famoso filósofo, comentaba a propósito de esto: «Los juegos anteriores solían ser compasivos, éstos son puros asesinatos. Los hombres no tienen defensa, sus cuerpos están expuestos a cualquier golpe y los ataques siempre se suceden con éxito. La mayoría de los espectadores prefieren esto a los enfrentamientos de calidad. ¡Claro que sí! La protección y el entrenamiento sólo retrasan la muerte, que es precisamente lo que la multitud ha venido a presenciar».

Las exhibiciones de este tipo comenzaron a desbancar a los combates de gladiadores tradicionales. En realidad, un combate entre dos espadachines entrenados y en igualdad de condiciones es tan interesante como un torneo de ajedrez. Puede alargarse una hora o más y hay poca acción hasta la estocada final, cada hombre conserva su fuerza y tantea a su oponente con leves pinchazos y estocadas. Los primitivos romanos sabían todos luchar con espada y podían apreciar los buenos momentos del combate, pero la plebe buscaba algo más rápido y sangriento, al igual que sucede con los aficionados a los deportes modernos que lo que quieren es ver mucha acción en un combate de lucha libre mientras que en un enfrentamiento serio un hombre puede tardar veinte minutos en librarse de una llave.

Además, los espectáculos debían cumplir el propósito de ser «más grandes y mejores que nunca». Cada emperador debía superar a sus predecesores. El circo Barnum y Bailey vivió una circunstancia similar. Recuerdo la referencia a una época en la que había siete pistas funcionando a la vez y nadie tenía la más remota idea de qué estaba sucediendo. A finales de siglo III, había en Roma una docena de anfiteatros, la mayoría de ellos funcionando a pleno rendimiento la mayor parte del tiempo.

Los más conocidos eran el Circo Majencio en la vía Appia, el Circo Flaminio cerca del Circo Máximo, el

Circo de Calígula y Nerón, donde ahora se encuentra la catedral de San Pedro, el Circo de Adriano, el Circo Castrense (de la guardia pretoriana) y el Circo de Salustio. Por supuesto, también estaba el anfiteatro Flavio o Coliseo. Los emperadores acuñaban sus monedas con el busto de gladiadores famosos antes que con sus propias imágenes, y los políticos tenían grabado en sus tumbas el número de juegos que habían ofrecido.

¿Cuál era el coste de todo esto? Al final, resultaba tan costoso que el gobierno y los políticos aspirantes a algún cargo debían compartir gastos para poder pagar un gran espectáculo. Nosotros sólo conocemos la contribución del gobierno a esos juegos, porque tenemos pruebas históricas de ella. Pero es casi imposible hacer una conversión a la moneda actual de aquellas sumas. Hoy en día, los costes laborales constituyen el factor principal de cualquier empresa, mientras que en Roma eran los esclavos los que realizaban todo el trabajo. Por lo tanto, el cómputo de las sumas en cuanto al poder adquisitivo moderno, resulta también muy complicado. Por ejemplo, el rey Herodes de Judea ofreció una serie de juegos que le costaron quinientos talentos de oro. Thomas H. Dyer en *Pompeii* (escrita en 1871) calcula que esta suma equivaldría, haciendo un redondeo, a 600.000 dólares. Pero Dyer no tuvo en cuenta que el dólar de entonces equivale a 40 centavos de hoy (casi ha duplicado su valor). Incluso asumiendo que los quinientos talentos de Herodes ascendiesen a 1.200.000 dólares, el poder adquisitivo real de aquel tiempo era bastante mayor. Esta apreciación no tiene en cuenta el trabajo de los esclavos, los regalos de gladiadores y animales de los reyes vasallos, y las contribuciones privadas de los ciudadanos que necesitaban estar a bien con la administración.

Haciendo una estimación simplificada de los números, los cien días de juegos para inaugurar el Coliseo que ofreció Tito costaron alrededor de ocho millones de euros, y los seis días de juegos ofrecidos por Domiciano, sobre

Dos «gladiadoras» Amazona y Achilea en un bajorrelieve en Halicarnaso prueban que también las mujeres entraban en los presupuestos de los juegos. British Museum, Londres.

los que hemos hablado hasta ahora, tuvieron un valor aproximado de 36.000 euros al día. En el 521 d.C., Justiniano gastó 910.000 euros en los juegos que celebraban su subida al poder. Sin embargo en el 51 d.C., el coste total de los juegos ofrecidos durante el año fue sólo de 40.000 euros. Sabemos que el coste que debía sobrellevar un político era apabullante. Un magistrado llamado Milo exclamaba: «Me cuesta tres herencias acallar las habladurías de la gente». Pero los espectáculos continuaban. Aunque, en un principio, el honor de presentar los juegos estaba reservado para el emperador o algún noble de categoría, a partir del siglo II cualquier hombre rico podía hacerlo para mejorar socialmente, tal y como en Gran Bretaña, hace cincuenta años, muchos hombres adinera-

dos descubrieron que la filantropía pública era muy bene-
ficiosa para obtener títulos. Algunos juegos fueron organizados por zapateros o sastres enriquecidos. Aún continuaron creciendo en magnificencia. Tras el triunfo del
emperador Aureliano sobre Zenobia, la reina guerrera
de Palmira, en el 272 d.C., aquél hizo su entrada en la
arena sobre un carro guiado por cuatro ciervos, con
Zenobia atada a las ruedas con cadenas de oro. Llevaba
una guardia de veinte elefantes adiestrados y unos
doscientos animales mansos que formaban parte del
cortejo. Hubo una «gran ofrenda» de cautivos, con un
hombre que, guiando cada grupo, con un cartel colgado al
cuello, indicaba el nombre de cada tribu. El botín era
transportado por un carro de bueyes cargado de oro y
joyas o en literas llevadas por los esclavos. En los juegos
que siguieron a la presentación, lucharon ochocientos
pares de gladiadores, así como «amazonas», que eran
mujeres guerreras de una tribu procedente del Oriente
Medio.

En el 281 d.C., el emperador Probo «sujetó enormes
árboles arrancados de raíz sobre vigas en la arena.
Después esparció arena sobre las vigas y todo el circo se
asemejó a un verdadero bosque. Sacaron mil avestruces a
la arena, así como también mil ciervos, mil jabalíes, cien
leones, cien leonas, cien leopardos, trescientos osos y
muchos otros animales. Todos fueron abatidos en una
gran cacería». (Vopiscus). Después, se soltaron algunos
antílopes y algunos miembros del público se divirtieron
intentando capturarles. Después sacaron a un grupo de
jóvenes desnudas y cualquiera entre el público podía
quedarse en propiedad a la que atrapase. Otros emperadores utilizaron seda, importada de la china, para el toldo, en
lugar de la habitual lana, también utilizaron hilo de oro
para las redes que tenían la función de mantener a los
animales alejados del podio, chaparon de oro las colum-
natas de mármol y decoraron las paredes de los cubículos
de los animales con mosaicos de piedras preciosas.

El sadismo, en lugar de ser algo fortuito, se convirtió en habitual. Claudio solía ordenar que se les retirasen el casco a los gladiadores heridos para poder apreciar la expresión de sus rostros cuando les cortaban el cuello. Las jóvenes eran violadas por hombres que llevaban pieles de animales salvajes. Los hombres eran atados a cadáveres en estado de putrefacción hasta que murieran. Los niños eran suspendidos por las piernas desde lo alto de los palos para que las hienas tirasen de ellos hasta el suelo. Tantas víctimas fueron amarradas a estacas y abiertas en canal que los médicos solían asistir a los juegos para estudiar anatomía.

Las crucifixiones masivas en la *arena* se convirtieron en la mejor atracción y el populacho solía apostar para ver quién sería el primero en morir. Como sucede en todas las apuestas, se perdía un montón de tiempo cerrando el negocio. Si sobornabas a algún centinela, podías conseguir que la víctima muriese inmediatamente, tardase una hora o permaneciese con vida todo el día. Si se colocaban los clavos de tal forma que cortasen una arteria, el hombre moría a los pocos minutos. Si sólo rompían los huesos, el hombre podía durar algunas horas. Sin embargo, a veces, la víctima lo fastidiaba todo. Podía tirar deliberadamente de los clavos para desangrarse hasta morir o incluso golpearse la cabeza contra el poste hasta abrírsela. Nunca se podía asegurar nada.

Lejos de ser exhibiciones de habilidad y coraje, los juegos se habían convertido en una farsa. Por supuesto, siempre se producían escándalos. Retrocediendo al 60 d.C., un joven auriga había salido despedido de su cuadriga cuando su tiro se encabritó en los cajones de salida. Aun así se le concedió el primer premio. El hecho es que el emperador Nerón tenía algo que ver con el asunto. También en una ocasión, el emperador Calígula decidió subastar a los gladiadores victoriosos a un grupo de nobles. Uno de ellos se había quedado dormido y Calígula insistió en aceptar cada cabezada que daba como una puja. Cuando se despertó, le pertenecían treinta gladiadores que le habían costado nueve millones de sestercios. Sin embargo, en general la gente no veía bien estas cosas. En el 265 d.C., el emperador Galieno ofreció una corona a un torero que había esquivado al toro en diez ocasiones. Cuando la multitud protestó, el emperador explicó por medio de sus heraldos, «no es nada fácil esquivar a un animal tan grande como un toro, corriendo». Augusto tuvo que aprobar leyes que prohibiesen convertirse en gladiadores a caballeros y senadores, tal orgullo existía en mostrar el valor en la arena. A partir del siglo III, esas leyes ya no fueron necesarias. Ni un solo patricio o plebeyo tenía deseos de bajar a la arena.

Durante mil quinientos años, los historiadores y, más tarde, los psicólogos se han estado preguntando el por qué aquellos juegos, que no sólo corrompían sino que también llevaban continuamente a la bancarrota al imperio, constituían una obsesión para el pueblo romano. Hoy en día, las orgías de muerte y sufrimiento están prohibidas, pero tengo el convencimiento de que ejercerían una gran fascinación sobre la mayoría de nosotros. La multitud se agolpa alrededor de un accidente de tráfico, asiste a las corridas de toros y bloquean la circulación si hay alguien sobre una cornisa amenazando con suicidarse. Incluso los primeros cristianos, que a su vez a menudo eran las víctimas en la *arena*, sintieron esta intoxicación de la tortura. San Agustín habla de un joven, Alipio, que estudiaba para monje. Algunos amigos le arrastraron para asistir a un espectáculo en la *arena* contra su voluntad. Alipio se sentó con los ojos cerrados y los oídos tapados con los dedos hasta que un grito especialmente estruendoso le hizo mirar. Dos minutos más tarde, estaba en pie gritando: «¡Dadle una espada! ¡Sácale las tripas!». A partir de entonces se convirtió en un habitual de los juegos y abandonó cualquier pensamiento de unirse a la iglesia. San Hilarión era tan aficionado a los juegos que no podía apartarse de ellos. Al final tuvo que huir hasta el desierto africano donde con seguridad no existían los circos. A pesar de todo, en sueños los aurigas le guiaban como si fuese un caballo y los gladiadores luchaban a los pies de su cama.

Existe una conexión definitiva entre crueldad y sexo, especialmente entre la gente débil e incapaz. Ovidio reseñaba con cierto sentido del humor, «Chicas, si conseguís que un hombre flirtee con vosotras a la vez que presencia los juegos, será vuestro para siempre». A medida que el populacho iba perdiendo el interés por trabajar, servir a la legión o tomar alguna responsabilidad civil, los juegos iban volviéndose más brutales y lascivos. Al final eran una simple excusa para las orgías de sadismo.

Los romanos más inteligentes eran perfectamente conscientes de esta tendencia fatal pero se veían imposibilitados para prevenirla. Augusto trató de limitar a dos los juegos que se celebrasen durante el año. Fue imposible. Marco Aurelio, que definía los juegos como un «aburrimiento demasiado costoso», aprobó una ley para que los gladiadores luchasen con armas sin filo. La oposición popular fue tal que no sólo tuvo que derogar la ley sino que acabó aumentando el número de juegos de 87 a 230 al año. Sólo el coste de los gladiadores ascendía a 2.500.000 euros. Vespasiano, que tenía fama de tacaño y había jurado acabar con esos juegos sin sentido, acabó construyendo el Coliseo.

Curiosamente, la adhesión de los filósofos romanos a los juegos era unánime. Cicerón comentaba: «Es bueno que la gente vea que hasta los esclavos pueden luchar valientemente. Si un simple esclavo puede mostrar tanto coraje, ¿qué no podría hacer entonces un romano? Además, los juegos acostumbran a la gente guerrera a contemplar matanzas y les preparan para la batalla». Tácito no podía comprender por qué a Tiberio no le gustaban los combates y cita como signo de debilidad de carácter el hábito del emperador de volverse para no contemplar escenas de matanzas. Plinio y otros muchos

Falso retrato de Séneca,
conocido como el
Pseudo-Séneca.
British Museum,
Londres.

pensadores influyentes hablaban con aprobación de los juegos.

Casi el único filósofo romano que se oponía a los juegos era Séneca, que vivió durante el reinado de Nerón. Así reproduce la conversación que tuvo con un espectador en uno de los juegos.

«Pero», me dijo el hombre de al lado «ese hombre por el que sientes tanta pena era un salteador de caminos».

«Está bien, pues entonces colgadlo, pero ¿por qué clavarlo en una cruz y echar a las bestias sobre él?».

«Pero mató a un hombre».

«Dejad que le condenen a muerte. Lo merece. Pero, ¿qué has hecho tú para que te condenen a presenciar este espectáculo?».

Séneca estaba «cordialmente» a disgusto y acabó suicidándose por orden de Nerón.

En un principio sólo algunos de los criminales más depravados eran condenados a morir en la *arena* pero cuando se hizo obvio que estas ejecuciones constituían las actuaciones de mayor atractivo para el populacho, se empezaron a llevar a cabo verdaderos holocaustos de víctimas. Comenzó a ser un problema encontrar suficientes prisioneros para esta clase de espectáculos. Probablemente la persecución de los cristianos se había convertido al final en una simple vía adicional para conseguir carne fresca para la *arena*.

La primera persecución de cristianos tuvo lugar bajo el imperio de Nerón. Según los historiadores romanos, Nerón soñaba com transformar a Roma de una madriguera de conejos con calles tortuosas y pocilgas de madera a una ciudad de mármol. También tenía la intención de dejar vacía una gran sección en el centro de la ciudad para poder construirse un palacio lujoso apropiado para él, «la casa dorada». Después el Coliseo se construyó en el lugar de la «casa dorada», como disculpa para el pueblo. Los esbirros de Nerón incendiaron la ciudad pero el resentimiento popular forzó al emperador a encontrar un chivo expiatorio. Y eligió para ese papel a una secta depreciada y sospechosa, conocida como la secta de los cristianos.

Tácito nos comenta: «Nerón atrapó a todos los cristianos reconocidos. Éstos, a su vez, informaron sobre otros que también fueron arrestados, no tanto por el cargo de haber incendiado la ciudad, sino por su odio hacia la humanidad. Se hizo todo lo posible por conseguir que sus muertes resultasen humillantes. Se les vistió con pieles de animales y fueron despedazados por perros, crucificados o embadurnados de brea y utilizados como antorchas para alumbrar la *arena* al anochecer. La gente pensaba que, a pesar de que, por el hecho de ser cristianos, merecían el castigo, éste les era infringido, en realidad, para satisfacer la pasión de su emperador por la crueldad y no en bien del imperio».

Suetonio nos aporta otros detalles. Nerón solía disfrazarse de león o de leopardo y atacar a hombres y mujeres en sus genitales mientras estaban atados a estacas en la *arena*. Después de esta escena, uno de sus hombres libres llamado Doríforo salía a la *arena* vestido de *venator* y hacía que mataba al emperador. Estas exhibiciones son probablemente las que llevaron a San Juan a referirse a la *arena* como «la madre de la fornicación…, la iglesia de los sanguinarios consagrados». Nerón también gastaba enormes sumas de dinero tratando de localizar a un legendario ogro egipcio que se suponía que mataba y se comía a la gente. Quería exhibirlo en la *arena*. El ogro nunca apareció.

Algunas de las más terribles persecuciones de cristianos tuvieron lugar bajo el imperio de Marco Aurelio en el 166 d.C. Éste era uno de los emperadores más inteligentes que había tenido Roma, pero no le gustaban los cristianos. Como pacifistas, los cristianos se negaron a servir en las legiones durante un período crítico en el que las hordas bárbaras estaban abriendo brechas a las defensas de todas las fronteras, denunciaron que la riqueza fue lo que hizo que los romanos les consideraran como unos peligrosos radicales y se negaron a sacrificarse por el emperador, lo cual equivaldría a negarse a saludar a la bandera o a repetir el juramento de lealtad. Garabateado sobre una pared de Roma hay un dibujo bastante cruel que muestra un burro clavado a una cruz con una leyenda debajo: «Todos los cristianos son unos burros». Marco Aurelio decidió sofocar aquel culto vicioso y lo atacó sistemáticamente.

Los testimonios de los padres de la primera iglesia nos hablan de cristianos en la *arena* que llevaban placas de hierro al rojo vivo sujetas a sus cuerpos, su carne era desgarrada del hueso con tenazas candentes, eran encadenados sobre asientos de hierro sobre hogueras y asados sobre espetones. Eusebio nos cuenta la muerte de Blandina, una de aquellas mártires. Primero fue obligada a contemplar la muerte de sus amigos en la *arena*. Como esto no había conseguido desmoralizarla, tuvo que sufrir el trance de pasar entre dos filas de hombres armados con látigos y barras de hierro. Después fue colgada de un palo para servir de carnada a hienas y lobos hambrientos. Ya medio muerta, se la bajó del palo y fue obligada a presenciar como su hermano pequeño era azotado, quemado sobre un fuego y finalmente echado a las bestias salvajes, y constantemente se le advertía que si abjuraba de su religión, la vida del pequeño sería perdonada. Al final, como Blandina aún se mantenía firme, se la colocó en una red y se la hizo oscilar desde los andamiajes de la *arena* para que la corneasen los toros salvajes.

Nos queda el relato de dos testigos directos de estos martirios, los hermanos Félix y Vero Macarius. Los acontecimientos que describen sucedieron el 11 de octubre del 290 d.C., bajo el imperio del emperador Máximo.

«El estadio estaba abarrotado; Máximo también acudió. Muchos criminales fueron devorados por otros tantos animales salvajes. Nosotros, los cristianos, nos manteníamos medio ocultos entre las gradas esperando con temor para presenciar los martirios que vendrían a continuación. Los mártires eran Taraco, Probo y Andrónico. Los llevaban otros condenados, ya que habían sido torturados y no podían caminar. Su estado era tan penoso que escondiendo nuestras caras para que la gente no lo advirtiera, comenzamos a llorar. Les tiraron al suelo como si fuesen desperdicios. Mucha gente comenzó a murmurar y Máximo gritó a sus soldados: «Mirad a esta gente. Ya que son tan partidarios de estos cristianos, deberían bajar con ellos a la arena para hacerles compañía».

Se soltó a las fieras, entre ellas había un oso especialmente aterrador y una leona. Ambos rugieron con fiereza, pero no atacaron a los mártires y ni mucho menos los devoraron. El Director de los Juegos comenzó a enfurecerse y ordenó a los lanceros que acabasen con ellos. El oso fue atravesado por una lanza, pero la leona consiguió escaparse por una puerta que algún bestiario había dejado abierta al huir despavorido. Entonces Máximo ordenó al Director de los Juegos que dejase que los gladiadores matasen a los cristianos y que después lucharan a muerte entre ellos. Cuando la tragedia acabó, Máximo, antes de abandonar el podio, ordenó a diez soldados que mutilasen tanto a mártires como a gladiadores, para que los cristianos no protestasen porque se les daba un trato diferente.

Era habitual que los cristianos sobornasen a los esclavos de la *arena* para conseguir los cuerpos de los mártires y poder enterrarles decentemente.

No tenemos una idea clara de cuántos cristianos fueron martirizados. Tácito afirmaba que Nerón «mató a una gran multitud de cristianos». Y tenemos recogidas algunas estadísticas de épocas posteriores. Durante las persecuciones sufridas bajo el imperio de Máximo, mil novecientos cristianos fueron martirizados sólo en Sicilia. Diocleciano asesinó a diecisiete mil sólo en un mes. Eusebio cuenta que durante una de las persecuciones, mataron en Egipto a diez mil hombres (sin contar a las mujeres ni a los niños).

Los ejecutores dejaron sus espadas sin filo y tuvieron que organizarse en turnos. Por supuesto, comparado con Hitler, que mató a 2.500.000 personas en los campos de concentración en pocos años, esto es una insignificancia, aunque los romanos intentaron hacerlo lo mejor que pudieron.

Poquísimos cristianos abjuraron de su religión, aunque siempre se mantenía un altar encendido en la *arena* por si se retractaban. Todo lo que tenía que hacer el retractado era esparcir una pizca de incienso sobre la llama e inmediatamente se le otorgaba un certificado de sacrificio y ya era libre. También se le explicaba minuciosamente que esta renuncia no significaba que tuviese que adorar al emperador, simplemente que reconocía el carácter divino de éste como cabeza del estado de Roma. Aun así, muy pocos cristianos aprovechaban esta oportunidad para escapar de la muerte. Naturalmente hubo algunas excepciones. Policarpo cuenta que un hombre, en un anfiteatro de provincias se ofreció incluso para ir voluntario a la *arena*. Entonces se desmoralizó y pidió que se le concediese el sacrificio. El *editor* rehusó y mandó soltar a los animales. El único animal era un león, al que no habían dado de comer para que estuviera más agresivo. Pero el *bestiario* había exagerado y cuando soltaron al león, el pobre animal se tumbó y murió. El mártir tuvo que ser quemado en la estaca.

A finales del siglo IV, los juegos cayeron en manos de promotores y el espíritu de competición ya casi había desaparecido. Los aurigas se habían organizado y demandaban que a un hombre se le debía permitir un cierto número de victorias. Un auriga podría correr para los azules en una carrera y para los verdes en la siguiente. Ellos desconocían qué caballos iban a guiar hasta el momento de subirse a la cuadriga, una antigua reivindicación de Diocles y sus equipos perfectamente entrenados. La figura del gladiador como profesional altamente cualificado había acabado. Ya era casi imposible conseguir el suficiente número de animales salvajes para los juegos: Europa, el norte de África y Asia Menor ya estaban sobreexplotados. Los romanos se estaban quedando incluso sin cristianos, judíos y criminales para sus espectáculos.

Una serie de cartas legadas por un senador llamado Quinto Aurelio Symmachus demuestran el problema en que se había convertido la celebración de los juegos. Symmachus pretendía ofrecer unos juegos de una semana de duración en honor a su hijo que acababa de convertirse en oficial de la arrogante guardia pretoriana y que optaría al puesto de pretor en el 401 d.C. Symmachus comenzó la preparación de los juegos con dos años de antelación.

En el siglo IV quedaban lejos los tiempos esplendorosos de los juegos, como cuando peleaban hoplomacos y mirmillones. Detalle del fresco central de un bajorrelieve en una tumba de Pompeya, entre el 20 y el 30 d.C. Museo Arqueológico Nacional, Nápoles.

Symmachus, además de ser senador, gozaba de una inmensa fortuna. Poseía tres palacios y había desempeñado casi todos los altos cargos del estado. Como era un hombre muy devoto, Symmachus estaba muy impresionado con el crecimiento de un nuevo culto llamado cristiandad y decidió ofrecer unos verdaderos juegos a la antigua para impactar al público con escenas de habilidad y coraje, en lugar de disgustarles con la remilgada doctrina de la nueva religión. El maestro de juegos trató de convencer al senador para que no se saliese de las tendencias de aquel momento, pero Symmachus insistió en que él quería algo dotado de veracidad.

El pobre Symmachus no conseguiría más que dolores de cabeza. Para conseguir un tiro de cuadriga realmente bien entrenado, tuvo que importarlo de España. Los jamelgos utilizados en Roma por aquel entonces sólo servían para correr alrededor de la pista en carreras apañadas y simular choques violentos para animar al público. Once de los dieciséis caballos importados murieron antes de salir a la *arena*, debido a las malas condiciones en que habían viajado. Los cuatro restantes eran mucho mejores que los tiros de cuadrigas habituales, por lo que la carrera era como un paseo para ellos y hubo que frenar al tiro español. Debido a esa circunstancia, su auriga decidió abandonar. Se contrataron cuatro aurigas más e importaron más caballos. Entonces se descubrió que el mejor auriga era un cristiano. Como una de las pretensiones del espectáculo era probar la debilidad de los cristianos frente a los devotos de la antigua religión romana, tuvieron que despedirle. Pero como pertenecía al sindicato de aurigas, se fueron a la huelga. Furioso, Symmachus amenazó con organizar una carrera utilizando perros en lugar de caballos, porque al fin y al cabo los caballos habituales eran como perros. Este hecho causó tal revuelta que tuvieron que llamar a la guardia pretoriana.

Al mismo tiempo, Symmachus trabajaba denodadamente para conseguir animales salvajes para los juegos. Escribió a los hombres que se dedicaba a capturar animales, a amigos que vivían en provincias lejanas, a oficiales, señalándoles que debían colaborar en aquella gran cruzada que significaba organizar unos juegos lo suficientemente buenos como para restablecer la moral nacional. Estuvo meses tratando de salir de aquel embrollo. Como los cazadores profesionales habían desaparecido del mapa, tuvo que contratar a sus propios hombres. Esto significaba que tenía que conseguir licencias de cazadores para ellos, ya que los leones y los elefantes sólo podían ser capturados con el permiso especial del emperador. También tuvo que obtener un permiso especial para ofrecer los juegos en el Coliseo. Los oficiales de aduanas le cargaron un impuesto de importación sobre los animales, aunque Symmachus les había explicado por carta que esa tasa sólo se podía aplicar a los traficantes de animales, que los utilizaban para la venta.

Además de todos esos problemas, Symmachus no pudo conseguir ningún león, tigre, elefante, ni siquiera antílopes (él pidió especialmente un topi y un impala). Todo lo que le llegó fue algunos «débiles oseznos hambrientos» y unos pocos cocodrilos. Éstos no habían comido en cincuenta días y la mayoría de ellos tuvieron que ser sacrificados antes del espectáculo. Aparentemente, los únicos animales que llegaron en buenas condiciones fueron los perros lobos irlandeses.

Symmachus tuvo aún más problemas tratando de conseguir gladiadores.

Se las arregló para conseguir veintinueve prisioneros sajones, que supuestamente eran luchadores terribles, pero que nunca habían pisado una escuela de gladiadores. Éstos se fueron estrangulando unos a otros hasta que sólo quedó uno, que se partió la cabeza, golpeándosela contra la pared.

Qué tipo de juegos ofreció Symmachus al final, no lo sabemos. Sólo contamos con la correspondencia en la que cuenta los problemas que tuvo tratando de organizarlos. También nos consta que los siete días de juegos le costaron 456.750 euros, y apostaría a que su hijo nunca fue elegido pretor.

A principios del siglo V, Roma se encontró a sí misma luchando por su vida contra las hordas bárbaras en todas sus fronteras. Con el tremendo coste de las guerras continuas, poder pagar unos juegos se convirtió en un asunto cada vez más difícil. Sin embargo, los juegos continuaron, intentando satisfacer más y más a la plebe. Los emperadores abandonaron el palco real, por considerarlo antidemocrático y se sentaron entre la multitud. Los patricios hicieron un esfuerzo para comer entre el populacho, en lugar de abandonar los anfiteatros a la hora de la comida o hacerse servir el ágape por esclavos.

Las carreras de cuadrigas eran una broma. La gente arrojaba jarras de vino a los pies de los caballos y las mujeres animaban a sus hijos a lanzarse bajo los tiros del equipo oponente para conseguir que el suyo resultase ganador. Si el niño resultaba pisoteado, los indignados

padres demandaban a las cuadras por conducción impru-
dente. El público aún seguía siendo de los Azules o de los
Verdes, incluso cuando desconocían completamente
los tiros o los aurigas. Una tendencia similar sigue la
actual liga de fútbol. Cuando todos los hombres del
equipo eran locales, el público los conocía y acudía para
animar a los amigos. Hoy, los equipos reclutan hombres
de todo el país y son vendidos como mercancías sin tener
en cuenta los sentimientos de la comunidad. La anotación
de Plinio sobre las facciones de las carreras podría
perfectamente aplicarse hoy en día. «La gente sólo
conoce el color». Ya que no se era de partidos políticos y
no se pertenecía sentimentalmente a ningún grupo especí-
fico, la gente centraba su devoción en ser Blanco o
Dorado. La gente que nacía en el seno de los Rojos sería
eterno enemigo de las otras facciones, apoyaba a los
Rojos bajo cualquier circunstancia, y tomaba como un
desastre nacional la victoria de los verdes.

Dado que la situación militar y económica del
imperio era demasiado complicada para la comprensión
popular, éstos centraban su atención sobre lo único que
entendían, la *arena*. El nombre de un gran general o de un
brillante hombre de estado no significaba más para el
populacho romano de lo que hoy significa para nosotros
el nombre de un gran científico. Pero el romano medio
podría informarnos hasta del último detalle de los juegos,
así como el hombre medio actual puede informar puntual-
mente de las bodas de una estrella de cine, sin tener la
más mínima idea de a qué se dedica la OTAN o qué
medidas se están tomando para combatir la inflación.

Un hombre ambicioso que quisiera alcanzar una
buena posición social debía establecer una conexión
con los juegos. El emperador Vitelio había sido mozo de
cuadra para los azules. Gracias a eso fue nombrado
gobernador de Germania por un político que era devoto
de los azules. Después, una vez convertido en emperador,
mandó matar a todo el que abucheara a los azules. El

emperador Cómodo asistió a la escuela de gladiadores y solía bajar a la *arena* a luchar para ganarse el favor popular. El emperador Macrino había sido gladiador profesional. Llegó un momento en el que encontrar víctimas suficientes para ser asesinadas en la *arena* se convirtió en un trabajo agotador para el imperio. «Estamos sacrificando la vida para alimentar la muerte», protestaba Caracalla, refiriéndose al hecho de que los juegos se ofrecían, supuestamente, para apaciguar las almas de los difuntos. Sin embargo, los juegos continuaron. Sin ellos, la plebe se volvía incontrolable y, a la sazón, toda la economía nacional dependía de los grandes espectáculos. Acabar con los juegos habría supuesto una seria crisis, de la misma forma que la causaría actualmente el abandono, por parte del gobierno, de la construcción de presas, las subvenciones agrícolas o el gasto militar.

Sin embargo su final no podía posponerse eternamente. Roma comenzó a ser invadida por los extranjeros. Miles de galos, germanos y partos vivían en la ciudad, llevados allí para levantar el debilitado imperio. Estos «bárbaros» no tenían ningún interés en aquellos juegos, ya que hacía falta un gusto especial para apreciarlos. Un príncipe parto abandonó el circo con disgusto, añadiendo: «No resulta divertido presenciar cómo muere la gente sin darles ninguna oportunidad». El público gritaba: «¡Cabeza de erizo! ¿Por qué no te vuelves a Partia a donde perteneces?», pero los salvajes fueron obteniendo gradualmente un equilibrio de poder. Después de todo, los emperadores que dependían de aquellas ayudas extranjeras para sostener y aplacar a la plebe romana fueron perdiendo importancia.

La iglesia cristiana fue aumentando su poder e hicieron todo lo que estaba en sus manos para paralizar los juegos. En el 325 d.C., Constantino trató de poner fin a los juegos, pero continuaron. Después, en el 365 d.C., Valentiniano prohibió el sacrificio de las personas echándolas a las bestias salvajes. Fue capaz de mantener el

El emperador
Constantino intentó
inútilmente terminar con
los juegos.

edicto y esto le quitó toda la gracia a los espectáculos. En el 399 d.C., las escuelas de gladiadores tuvieron que cerrar por falta de alumnos.

Fue en el año 404 d.C., cuando un monje de nombre Telémaco saltó a la *arena* e imploró al público para que parasen las luchas. Fue inmediatamente lapidado por un populacho enfervorecido, pero su muerte significó el final de los juegos. El emperador Honorio se enfureció tanto por el linchamiento de Telémaco que cerró las *arenas*. Nunca más se volvieron a abrir. La última carrera de cuadrigas tuvo lugar tras la caída de Roma, organizada por Tolila, un godo, en el año 549 d.C. Simplemente tenía curiosidad por ver cómo funcionaba aquel asunto.

Sin embargo, los juegos habían calado tanto en la conciencia nacional que la gente se seguía considerando de los rojos, blancos, verdes o azules, aunque la mayoría desconociera el significado de los colores. En el 532 d.C., se alzó una revuelta entre los azules y los verdes que amenazó con arruinar lo que quedaba del imperio. El emperador Justiniano tuvo que sacar a las tropas para restablecer la paz, y durante la lucha murieron más de treinta mil personas.

Las únicas reliquias que se conservan de estos espectáculos titánicos son algunas burdas pinturas garabateadas sobre las paredes de los barracones de los gladiadores, algunas tumbas resquebrajadas, algunas referencias en la literatura de aquella época y las ruinas de anfiteatros por todas partes. Los juegos seguían a los legionarios, como el chicle siguió a los soldados americanos, y allí por donde iban ellos, era seguro que había un circo. Los gobernadores romanos construían estadios en cuanto llegaban a sus provincias, convencidos de que ésta era la única forma de mantener a la plebe apaciguada. Muchas de sus cartas expresan con sorpresa que los griegos, galos o bretones parecían tener más interés en tener suficiente comida para alimentarse que en ver los juegos.

Establecer aquellos anfiteatros era una tarea complicada. Los griegos se mostraron en contra hasta el final (Plutarco describe los juegos como «brutales y sangrientos») pero en otros países los juegos fueron lentamente ganando adeptos, aunque nunca llegaron a alcanzar el grado de popularidad que tuvieron en Roma. Egipto se opuso a ellos durante mucho tiempo, pero al final tuvo que ceder, en toda nación hay una cierta proporción de personas que disfrutan con esas escenas. Por eso, aparecieron grandes anfiteatros a lo largo de todas las posesiones de Roma, aunque con mucho menos esplendor que los de Roma: en Capua, Pompeya, Pozzuoli y Verona en Italia; en Arles y Nimes en Francia; en Sevilla en España; en Antioquia en Palestina; en Alejandría en Egipto; en Silchester en Inglaterra; en El Djem en Túnez.

Aún quedan algunos de estos anfiteatros. Uno puede sentarse en la «*maeniana*» (gradas) con un pollo frío y una botella de vino e imaginar por qué puerta saldrán los animales, por dónde se abría la barrera, o cómo sacaban a los leones desde la «*cavea*» (interior) hasta la *arena*. Es de suponer que puede ser una forma estupenda de pasar la tarde.

El anfiteatro más grande que se conserva es, por supuesto, el Coliseo. Aunque su prodigiosa estructura se ha estado utilizando como cantera durante miles de años y la mayor parte de la Roma medieval ha sido construida con sus piedras, aún se conserva bastante bien. Byron escribió:

«¡Una ruina! ¡Pero qué ruina! De su masa paredes, palacios y la mitad de las ciudades se han levantado; Pero el enorme esqueleto aún resiste, Y aparece un milagro en lugar de una ruina.»

Se puede recorrer el «enorme esqueleto» con una copia del *The Remains of Ancient Rome* de J. H. Middleton y volverse loco tratando de encontrar los lugares que él menciona. Se pueden ver los enormes bloques traventinos utilizados para su construcción, algunos de 250 centímetros de largo, y sostenidos unidos por abrazaderas de hierro, ya que una simple argamasa hubiese resultado insuficiente para aguantar toda la presión que soportan. Durante la Edad Media, cuando la necesidad de hierro resultaba imperiosa, la gente arrancó miles de aquellas abrazaderas de las piedras, un trabajo terriblemente difícil. Aunque a finales de 1756, un arqueólogo francés calculó que aún quedaban unos 80.000 euros en mármol en el Coliseo, hoy en día ya casi ha desaparecido todo. Sin embargo, se pueden observar todavía las sillas talladas en mármol, *curule*, que utilizaban los patricios en el podio. Se pueden encontrar en las iglesias italianas, utilizadas como tronos episcopales.

Después del Coliseo, el mayor anfiteatro que se conserva es el de Verona, Italia. Mide 165 metros de largo por 130 de ancho y 30 metros de alto. Podía albergar a treinta mil personas y aún se utiliza para las ligeras corridas de toros italianas. El siguiente en tamaño es el circo de Nimes, Francia. Mide 140 metros por 112 y cabían veinte mil personas. Tiene una altura de dos pisos y 124 entradas. El anfiteatro de Pompeya es comparativamente más pequeño, pero muy interesante por su perfecto estado de conservación y además tiene muy cerca los barracones de los gladiadores.

En la Edad Media, estos anfiteatros se contemplaban con sobrecogimiento supersticioso. La gente que vivía en Pola, Italia, pensaba que el anfiteatro debía haber sido construido por seres sobrenaturales, porque era imposible que ningún ser humano pudiese acometer tan complicada tarea. Afirmaban que el estadio era un palacio construido por hadas, levantado en una sola noche. Ellos explicaban que el hecho de que no tuviese tejado era porque el gallo se había despertado por el ruido de los martillos y había cantado: las hadas se habían desvanecido con el día y el trabajo había quedado incompleto.

Muchos de los anfiteatros se utilizaron como fortalezas durante la Edad Media. Otros se utilizaron como graneros e incluso se utilizó la *arena* para sembrar. Los granjeros quedaban sorprendidos de cómo crecían las semillas, no sabían que el suelo estaba muy bien fertilizado.

Los *ludi,* como llamaban los romanos a los juegos, naturalmente no tenían el sentido de juegos que hoy tenemos. No eran propiamente espectáculos o representaciones tal y como hoy entendemos esos términos. Constituían parte integral de la vida y psicología romanas. Su mayor paralelismo en nuestros tiempos lo encontramos en las corridas de toros españolas, que para los latinos constituye más una experiencia emocional que un deporte o una exhibición de destreza. Los *ludi* continuaron existiendo durante quinientos años más, de una u otra forma. Cientos de generaciones habían nacido, crecido y muerto bajo su influencia. Al final, dominaba completamente las vidas del hombre medio romano. Su único interés, casi su única razón para vivir, era asistir a los *ludi.*

También hubo juegos en Hispania, en espléndidos anfiteatros como el de Segóbriga, provincia de Cuenca.

El crecimiento, carácter y degeneración final de los *ludi* corrió paralelo al crecimiento, carácter y degeneración final del imperio romano. En los días tranquilos de la antigua república, los juegos eran simples competiciones deportivas. Cuando Roma se convirtió en un poder conquistador, los juegos se volvieron sangrientos, despiadados y feroces, aunque todavía conservaban la concepción de juego limpio y espíritu deportivo. Ésta era la época de cuando Augusto tenía que aprobar leyes que prohibiesen a los patricios saltar a la *arena* para luchar con los gladiadores profesionales y de cuando aquel joven noble retó al prisionero germano a luchar hasta la muerte. Cuando Roma acabó sus conquistas y se convirtió en un simple poder despótico, los juegos alcanzaron una crueldad sin límites. De ahí hasta su final ya no eran más que orgías sádicas. Poco después de este período, el imperio romano se desmoronó.

Cualquier organizador moderno, que ofreciese una serie de espectáculos semejantes a los juegos romanos, obtendría fácilmente un lleno absoluto. Mickey Spillane podría ser muy bien el Director de los Juegos. Tanto las corridas de toros, como las peleas de gallos, como las luchas de perros y el circuito de Indianápolis (lo más parecido a las carreras de cuadrigas) son muy populares. Yo aún tengo mis dudas sobre si los aficionados al boxeo están realmente interesados en las habilidades deportivas de los boxeadores más que en presenciar cómo casi se matan entre ellos. Si supieran que uno de ellos podría morir de verdad, lo disfrutarían mucho más. Los programas de TV de más audiencia son las películas violentas, con hombres matándose continuamente. Por supuesto que los hombres no se matan realmente, si así ocurriese nadie podría separar a los telespectadores de sus asientos.

Los juegos romanos constituyeron probablemente el mayor argumento contra «los deportes de espectáculo» que ha podido existir. Mientras los romanos constituían ellos mismos una nación de luchadores, se podían sostener con algo de veracidad las afirmaciones de Catón y Plinio sobre que los juegos inspiraban principalmente virtudes. Pero existe una gran diferencia entre dos hombres en plena forma que luchan en igualdad de condiciones y presenciar cómo una multitud depravada se regodea viendo escenas de crueldad sin sentido.

Hoy en día se observa la misma tendencia en algunos deportes violentos. El espectador que grita ¡Mátale!, ¡sácale los dientes!, ¡acaba con él!, normalmente es un discreto muchacho, sentado en los asientos de atrás, que acaba de recibir una bronca del jefe y ha tenido que salir a hurtadillas de casa, aprovechando que su mujer no estaba. Necesita ver que otros también sufren..., no importa quién.

Glosario

arena, ae: arena del anfiteatro; combate de gladiadores.

bestiarius, ii: bestiario, luchador con las fieras en el circo.

cochlea, ae: caracol.

dictator, oris: magistrado supremo y extraordinario nombrado en Roma en circunstancias difíciles e investido de un poder absoluto.

editor, oris: el que produce, autor.

equester, tre: referente a la caballería o al orden de los caballeros; tropas de caballería.

essedarius, ii: combatiente en carro.

hoplites, ae: hoplita, infante de armadura pesada.

hoplomachus, e: gladiador armado de todas las piezas.

lanista, ae: maestro de gladiadores.

laqueus, i: lazo, nudo corredizo.

mirmillo, onis: gladiador armado de escudo y espada y cubierto con yelmo galo.

naumachia, ae: naumaquia, representación de una batalla naval.

negotiator ursorum: de *negotiator, oris*, negociante, comerciante, y *ursus, i*, osos.

postulatum, i: súplica, petición, solicitud.

provocator, oris: gladiador que provocaba a su adversario.

retiarius, ii: reciario, gladiador armado de un tridente y una red.

secutor, oris: gladiador que luchaba contra un reciario.

spina, ae: muro bajo que dividía la arena del circo.

spoliarium, ii: lugar del circo en que se despojaba a los gladiadores muertos.

testudo, inis: tortuga; formación de asalto, en la que los soldados se cubrían la cabeza con sus propios escudos a modo de caparazón.

venator, oris: cazador.

venatio, onis: caza.

Bibliografía

BRACHT, THIELEM VON: *Martyrs´s Mirror*.

DYER, THOMAS, H.: *Pompeii*.

EUSEBIO DE CESÁREA: *Historia eclesiástica*.

FITZ-BARNARD, CAPT. L.: *Fighting Sports*.

FRIEDLANDER, LUDWIG: *La sociedad romana*.

HOGART, DAVIS G.: *Philip and Alexander of Macedon*.

JENNISON, GEORGE: *Animals for Show and pleasure in Ancient Rome*

MASON, BERNARD: *Roping*.

MIDDLETON, J. H.: *The remains of Ancient Rome*.

PAPINIO ESTACIO, PUBLIO: *Silvas*.

PETRONIO, CAYO: *El Satiricón*.

Robert, Louis: *Les Gladiateurs dans l'orient Grec*.

Twisk, P. I.: *Acts of the martyrs*.

Valerio Marcial, Marco: *Epigramas*.

Las memorias de Diocles y los escritos de Tácito, Suetonio y Apuleyo